COLLECTION MICHEL LÉVY
— 1 franc le Volume —
1 franc 25 centimes dans les gares de chemins de fer et à l'Étranger

GEORGE SAND
— ŒUVRES —

L'HOMME DE NEIGE

I

PARIS
MICHEL LÉVY FRÈRES, LIBRAIRES-ÉDITEURS
RUE VIVIENNE, 2 BIS
—
1861

COLLECTION MICHEL LÉVY

ŒUVRES

DE

GEORGE SAND

OUVRAGES
DE
GEORGE SAND
Parus dans la Collection Michel Lévy

ANDRÉ	1	vol.
LA COMTESSE DE RUDOLSTADT	1	—
CONSUELO	2	—
LA DERNIÈRE ALDINI	3	—
FRANÇOIS LE CHAMPI	1	—
HISTOIRE DE MA VIE	10	—
L'HOMME DE NEIGE	3	—
HORACE	1	—
JACQUES	1	—
JEANNE	1	—
LELIA	2	—
LETTRES D'UN VOYAGEUR	1	—
LUCREZIA FLORIANI	1	—
LA MARE AU DIABLE	1	—
MAUPRAT	1	—
LE MEUNIER D'ANGIBAULT	1	—
LE PÉCHÉ DE M. ANTOINE	2	—
LA PETITE FADETTE	1	—
LE PICCININO	2	—
LE SECRÉTAIRE INTIME	1	—
SIMON	1	—
TEVERINO. — LÉONE LÉONI	1	—
VALENTINE	1	—

— Troyes, typ. et stér. de G. Bertrand. —

L'HOMME
DE NEIGE

PAR

GEORGE SAND

PREMIÈRE SÉRIE

NOUVELLE ÉDITION

PARIS

MICHEL LÉVY FRÈRES, LIBRAIRES-ÉDITEURS

RUE VIVIENNE, 2 BIS

1861

Tous droits réservés

L'HOMME DE NEIGE

A MAURICE SAND

Nous prions le lecteur de vouloir bien entrer avec nous au cœur du sujet de cette histoire, comme il fait quand, au théâtre, la toile se lève sur une situation que les personnages vont lui révéler.

De même, et par conséquent, nous le prions de pénétrer avec nous d'emblée dans le centre de la localité où se passe l'aventure, avec cette différence qu'au théâtre le rideau se lève rarement sur une scène vide, et qu'ici, le lecteur et moi allons nous trouver quelques instants tête à tête.

C'est dans un local assez bizarre et peu réjouissant que nous voici transportés : salle carrée, régulière au premier coup d'œil, mais dont un des angles rentre évidemment plus que les trois autres, pour peu qu'on observe le carré du plafond de bois sombre, dont les solives en saillie sont engagées plus que de raison dans le coin qui répond au nord-est.

Cette irrégularité est, d'ailleurs, rendue plus frappante par la présence d'un escalier de bois dont la rampe se découpe en balustres d'une menuiserie assez recherchée, ouvrage d'un caractère massif qui paraît de la fin du xvie siècle ou du commencement du xviie. Cet escalier monte six marches, se repose à un petit palier, tourne carrément, et va engager la dernière de ses six autres marches dans la muraille. Il y a eu là autrefois, évidemment, une porte qui a été supprimée. Les dispositions de l'édifice ont été changées; on eût dû supprimer également l'escalier, qui ne sert plus qu'à encombrer l'appartement. Pourquoi ne l'a-t-on pas fait? Telle est, cher lecteur, la question que nous nous adressons l'un à l'autre. Malgré cette preuve de respect ou d'indifférence, la pièce que nous explorons a conservé intact son antique confort. Un vaste poêle circulaire, où depuis longtemps on n'a pas allumé de feu, sert de support à une très-belle pendule dans le genre de Boule, dont les vitres ternies et presque irisées par l'humidité envoient dans l'ombre des reflets métalliques. Un joli lustre de cuivre, dans le goût hollandais, descend du plafond, et, couvert d'une épaisse couche d'oxyde, ressemble à un bijou de malachite. Onze bougies de cire, intactes bien que jaunies par le temps, se dressent encore dans ces vastes bobèches de métal qui avaient l'avantage de ne pas laisser perdre une goutte de cire, et le désagrément de répandre sur le bas de l'appartement une ombre épaisse, tandis que toute la clarté était renvoyée au plafond.

La douzième bougie de ce lustre est consumée jusqu'aux trois quarts. Cette circonstance nous frappe, ami lecteur, parce que nous regardons toutes choses avec attention ; mais elle aurait fort bien pu nous échapper à cause de l'étrange ornement qui couvre en partie le lustre et ses bougies, et qui retombe en plis opaques le long de ses branches. Vous croyez peut-être que c'est un lambeau d'étamine grise jeté là jadis pour préserver les cuivres. Touchez-y, si vous pouvez y atteindre : vous verrez que c'est un amas quasi parchemineux de toiles d'araignée couvertes de poussière.

Ces toiles d'araignée sont, d'ailleurs, partout, le long des cadres enfumés des grands portraits de famille qui occupent trois parois de l'appartement ; elles forment aux angles des murs des festons superposés avec une sorte de régularité, comme si, sous la forme d'une araignée, quelque parque austère et diligente eût entrepris de tapisser ces lambris déserts et d'en voiler le moindre recoin.

Mais, d'araignées, vous n'en trouverez pas une : le froid les a endormies ou tuées, et, si vous êtes forcé, ce que je ne vous souhaite pas, de passer la nuit dans cette lugubre salle, vous n'aurez même pas, pour vous distraire de la solitude, le bruit régulier de l'insecte travailleur. La pendule, dont le tic tac ressemble à celui de l'araignée, est également muette. Son aiguille est arrêtée sur quatre heures du matin, Dieu sait depuis combien d'années !

Je dis quatre heures du matin, vu que, dans le pays où nous voici, la sonnerie des anciennes horloges indiquait parfois la différence des heures de la nuit avec celles du jour, par la raison qu'en ce pays nous avons des jours de cinq heures, et, partant, des nuits de dix-neuf. Pour peu que la fatigue du voyage vous procurât un long sommeil, vous risqueriez de ne pas savoir, en vous éveillant, si vous êtes au lendemain ou au surlendemain de votre arrivée. Si la pendule était remontée, elle vous le dirait ; mais elle ne l'est pas, et Dieu sait si elle pourrait l'être.

Dans quel pays sommes-nous donc ? Nous allons le savoir sans sortir de la chambre. Sur tout le haut de la paroi irrégulière à laquelle se soude l'escalier, et dont plus de la moitié inférieure est revêtue, comme les autres, d'un lambris de chêne, nous voyons de grandes pancartes placées là peut-être à cause de leur forme. Plus larges que hautes, elles meublent la portion du mur que ne couvre pas la boiserie. Elles y sont donc reléguées plutôt qu'exhibées, et il nous faudra monter les douze marches de cet escalier engagé dans la muraille pour nous convaincre que ces longues bandes de parchemin, coloriées dans les tons les plus durs, sont des cartes de géographie ou de navigation, et des plans de villes fortes.

L'escalier nous conduit précisément à la hauteur de celle de ces cartes qui représente la localité, et qui a été mise là sans doute pour pouvoir être consultée au besoin, ou pour masquer la place d'une porte supprimée.

Ce gros serpent vert qui monte au milieu du tableau, c'est la mer Baltique. Je présume que vous la reconnaissez à sa forme de dauphin à double queue, et aux innombrables déchiquetures de ses *fiords*, golfes étroits et sinueux qui entrent profondément dans les terres et les rochers.

Ne vous égarez pas du côté de la Finlande, qui est là enluminée en jaune d'ocre : cherchez sur l'autre rive la partie moyenne de la Suède coloriée en lie de vin, et vous reconnaîtrez, à ses lacs, à ses rivières, à ses montagnes, la province de Dalécarlie, contrée encore passablement sauvage à l'époque où ce récit va nous transporter, c'est-à-dire au siècle dernier, vers la fin du règne bénévole et tracassé d'Adolphe-Frédéric de Holstein-Gottorp, ancien évêque protestant de Lubeck, marié ensuite à Ulrique de Prusse, l'amie de Voltaire, la sœur de Frédéric le Grand; enfin, autant que je puis croire, nous sommes en 1770.

Un peu plus tard, nous verrons l'aspect de cette contrée. Qu'il vous suffise quant à présent, cher lecteur, de savoir que vous êtes dans un vieux petit château perché sur un roc, au beau milieu d'un lac glacé; ce qui naturellement doit vous faire supposer que je vous y transporte en plein hiver.

Un dernier coup d'œil sur la chambre pendant qu'elle est à nous; car, toute triste et froide qu'elle est, on va bientôt se la disputer. Elle est meublée de vieux siéges de bois assez artistement travaillés, mais massifs et incommodes. Un seul fauteuil relativement moderne, c'est-à-dire un fauteuil du temps de Louis XIV, couvert d'une soie jaunie et tachée, mais encore assez moelleux et d'une forme commode pour dormir, semble fourvoyé dans l'austère compagnie de ces chaises vermoulues à grands dossiers, qui, depuis plus de vingt ans, n'ont pas quitté la muraille. Enfin, dans un angle opposé à celui de l'escalier, un vieux lit à quatre colonnes torses, garni de rideaux de soie usée, ajoute par son délabrement à l'aspect sinistre et désolé du local.

Mais retirons-nous, lecteur. La porte s'ouvre, et vous êtes forcé désormais de vous en rapporter à moi pour savoir de quels événements passés et futurs je viens de vous montrer le théâtre.

I

Il y avait un bon quart d'heure que l'on frappait et sonnait à la porte extérieure du gothique manoir de Stollborg; mais la bourrasque soufflait si fort, et le vieux Stenson était si sourd !... Il était bien servi par son neveu, qui avait l'oreille moins dure; mais ce neveu, le blond et colossal Ulphilas, croyait aux esprits et ne se souciait pas d'aller leur ouvrir. M. Stenson (l'ancien régisseur du baron de Waldemora), malingre et d'un caractère mélancolique, habitait un des pavillons du vieux castel délabré et délaissé dont il avait la jouissance et la garde. Il lui sembla bien que l'on frappait à la porte du préau; mais Ulphilas lui fit judicieusement observer que les lutins et les *trolls* du lac n'en faisaient jamais d'autres. Stenson reprit en soupirant la lecture de sa vieille Bible, et alla se coucher peu d'instants après.

Si bien que ceux qui frappaient s'impatientèrent jusqu'à faire sauter le pêne de la serrure, entrèrent dans le préau, et, trouvant un péristyle étroit au rez-de-chaussée, s'introduisirent avec leur âne jusque dans la salle ci-dessus décrite, et que l'on nommait la *chambre de l'ourse*, à cause de l'animal couronné sculpté sur l'écusson armorial au-dessus de la fenêtre à l'extérieur.

La porte de cette chambre était fermée ordinairement. Elle ne l'était pas ce jour-là, circonstance particulière dont s'inquiétèrent fort peu les survenants.

Les nouveaux hôtes du Stollborg étaient deux personnages assez étranges. L'un, couvert de peaux de mouton, ressemblait à ces fantômes informes qui servent d'épouvantails contre les oiseaux dans les jardins et chènevières ; l'autre, plus grand et mieux tourné, ressemblait à un brigand italien de bonne humeur.

L'âne était un bel âne, robuste, chargé comme un bœuf, et tellement habitué aux aventures de voyage, qu'il ne fit aucune difficulté pour monter quelques marches, et ne témoigna aucun étonnement de se trouver sur un plancher de sapin au lieu de rencontrer la litière d'une écurie. Pourtant il était malade, le pauvre âne, et ce fut la première préoccupation du plus grand des deux voyageurs qui le conduisaient.

— Puffo, dit-il en posant sa lanterne sur une grande table qui occupait le milieu de la chambre de l'ourse, Jean est enrhumé. Le voilà qui tousse à se fendre les poumons.

— Parbleu, et moi ! répondit Puffo en italien, c'est-à-dire dans la même langue dont s'était servi son compagnon : croyez-vous, patron, que je sois frais et gaillard depuis que vous me promenez dans ce pays du diable ?

— J'ai froid aussi, et je suis las, reprit celui que Puffo appelait son patron ; mais de quoi servirait de nous plaindre ? Nous y voilà, et il s'agit de ne pas s'y laisser mourir de froid. Regarde si c'est bien là la chambre de l'ourse dont on nous a parlé.

— A quoi la reconnaîtrai-je ?

— A ses cartes de géographie et à son escalier qui ne mène à rien. N'est-ce pas ainsi qu'on nous a dit là-bas à la ferme ?

— Je n'en sais rien, répondit Puffo. Je n'entends pas leur chien de patois.

En parlant ainsi, Puffo prit la lanterne, puis l'éleva plus haut que sa tête et dit avec humeur :

— Est-ce que je connais la géographie, moi ?

Le patron leva les yeux et dit :

— C'est bien ça. Voilà les cartes, et ici, ajouta-t-il en enjambant lestement l'escalier de bois et en soulevant la carte de Suède qui se présentait devant lui, voilà l'endroit muré. C'est bien, Puffo, ne nous désolons pas. La chambre est bien close, et nous y dormirons comme des princes.

— Je n'y vois pourtant pas... Ah! si fait, voilà un lit; mais il n'y a ni matelas, ni couchette, et on nous avait parlé de deux bons lits!

— Sybarite! il te faut des lits partout, à toi!... Voyons, regarde s'il y a du bois dans le poêle, et allume le feu.

— Du bois? Non, il y a de la houille.

— C'est encore mieux. Allume, mon garçon, allume! Moi, je vais m'occuper de ce pauvre Jean.

Et, prenant un lambeau de tapis qui traînait devant le poêle, le patron se mit à frotter l'âne si résolûment, qu'en peu d'instants il se sentit tout réchauffé lui-même.

— On m'avait bien averti, dit-il à Puffo, qui allumait le poêle, qu'au delà du 52e degré les ânes souffraient du froid; mais je ne le croyais pas. Je me disais que l'âne était moins délicat que le cheval, qui vit en Laponie... et, d'ailleurs, celui-ci est d'une si belle santé et d'un si bon caractère!... Espérons qu'il fera comme nous, et qu'il n'en mourra pas pour quelques jours. Il n'a pas encore refusé le service, et la pauvre bête porte docilement sur son dos ce que deux chevaux ne porteraient peut-être pas sans se faire prier !

— C'est égal ! reprit Puffo agenouillé devant le poêle, qui commençait à gronder et à faire mine de se bien conduire, vous auriez dû le vendre à Stockholm, où il faisait envie à tant de gens.

— Vendre Jean ! pour qu'il soit empaillé dans un musée? Ma foi, non ! Voilà une année de bons services qu'il m'a rendus, et je l'aime, moi, ce fidèle serviteur. Qui sait, Puffo, si j'en pourrai dire autant de toi dans un an?

— Merci, patron Cristiano ! ça m'est égal. Je ne suis pas pour le sentiment, moi, et je me moque bien de l'âne, pourvu que je trouve à boire et à manger quelque part.

— Ça, c'est une idée. Le sentiment n'empêche pas l'appétit, et j'ai aussi une faim de tous les diables. Voyons, Puffo; soyons judicieux et récapitulons. On nous a dit au château neuf : « Il n'y a pas de place ici pour vous. Quand vous viendriez au nom du roi, vous ne trouveriez pas un coin grand comme la main pour vous loger. Allez voir à la ferme. » A la ferme, on nous a dit la même chose; mais on nous a donné une lanterne en nous montrant un chemin frayé sur la glace du lac, et en nous conseillant d'aller au château vieux. Le chemin n'était pas joli, j'en conviens, à travers ces tourbillons de neige; mais il n'est pas long. Dix minutes de marche tout au plus !

— Il faut pourtant que tu te décides à repasser ce bout de lac, si tu veux souper.

— Et si on nous renvoie de la ferme comme on nous a renvoyés du château neuf? On nous dira peut-être qu'il y a trop de monde à nourrir, et qu'il ne reste pas un morceau de pain pour des gens faits comme nous.

— La vérité est que nous n'avons pas bonne mine. C'est ce qui me fait craindre d'être reçu à coups de fusil par ce bon M. Stenson, le vieux régisseur qui demeure quelque part ici, et qui est fort maussade, à ce qu'on assure ; mais écoute, Puffo : ou le bonhomme dort serré, puisque nous avons pu enfoncer la porte du préau et arriver jusqu'à cette chambre sans obstacle, ou le vent fait un bruit qui couvre tout. Eh bien, nous allons nous introduire furtivement dans sa cuisine, et c'est bien le diable si nous n'y trouvons pas quelque chose.

— Merci, dit Puffo, j'aime encore mieux repasser le lac et aller à la ferme. Là, les gens, quoique affairés, étaient fort polis, tandis que le vieux Stenson est méchant et rageur, à ce qu'il paraît.

— Suis ton inspiration, mon bon Puffo, et marche! Apporte, s'il se peut, de quoi nous réchauffer l'estomac; mais écoute encore, ô mon sublime compagnon! écoute bien une fois pour toutes...

— Qu'est-ce qu'il y a? dit Puffo, qui s'était déjà disposé à sortir en resserrant les ficelles au moyen desquelles ses peaux de mouton tenaient à son corps.

— D'abord, reprit Cristiano, tu me donneras le temps d'allumer une des bougies de ce lustre avant d'emporter la lanterne.

— Et le moyen de les atteindre? Je ne vois pas beaucoup d'échelles dans votre damnée chambre de l'ourse!

— Tiens-toi là, je vais grimper sur tes épaules. Tu es solide?

— Allez! Vous n'êtes pas bien lourd!

— Vois-tu, mon camarade, dit le patron debout, les deux pieds sur les larges épaules de Puffo, se tenant d'une main à une des branches du lustre et de l'autre s'efforçant d'arracher une des bougies de la bobèche, sans se faire tomber dans les yeux les toiles d'araignée chargées de poussière; je n'ai pas préciment l'honneur de te connaître. Il y a trois mois que nous voyageons de compagnie, et, sauf un peu trop de goût pour le cabaret, tu ne me parais pas un méchant garçon ; mais il se peut que tu sois une franche canaille, et je ne suis pas fâché de te dire...

— Eh ! dites donc, vous ! reprit Puffo en se secouant un peu, si vous vous dépêchiez là-haut, au lieu de me faire de la morale ? Vous n'êtes pas si léger que je croyais !

— C'est fait ! répondit Cristiano en sautant lestement par terre, car il lui avait semblé sentir chez son camarade la tentation de le laisser tomber ; j'ai ma bougie et je continue mon discours. Nous sommes pour le moment deux bohémiens, Puffo, deux pauvres coureurs d'aventures ; mais, moi, j'ai coutume de me conduire en homme d'esprit, tandis que tu prends quelquefois plaisir à te comporter comme une bête. Sache donc qu'à mes yeux la plus grande sottise, la plus basse platitude qu'un homme puisse faire, c'est de s'adonner au métier de larron.

— Où m'avez-vous vu larronner? demanda Puffo d'un air sombre.

— Si je t'avais vu larronner en ma compagnie, je t'aurais cassé les reins, mon camarade ; c'est pourquoi il est bon que je t'avertisse une bonne fois de l'humeur dont je suis. Je t'ai dit tout à l'heure : Tâchons de nous procurer à souper par persuasion ou par adresse. Cela, c'est notre droit. On nous fait venir dans ce paradis de neige pour réjouir de nos talents une nombreuse et illustre société. On nous envoie l'argent du voyage; si nous ne l'avons plus, ce n'est pas notre faute. On nous promet une bonne somme, dont je prétends te faire part généreusement, bien que tu ne sois qu'apprenti où je suis maître; nous devons nous tenir pour satisfaits, à la condition toutefois qu'on ne nous laissera pas mourir de froid et de faim. Or, il se trouve que nous arrivons de nuit et dans un moment où l'illustre société soupe, où les recommandables laquais ont envie de souper, et où les voyageurs attardés ont tort de vouloir souper. Avisons donc à souper aussi ce soir, afin d'être en état de tenir demain nos engagements. En faisant main basse sur quelques plats et quelques bouteilles, nous n'offensons pas le ciel, et nous ne sommes pas des imbéciles; mais, en fourrant des couverts d'argent dans nos poches et du linge sous le bât de notre âne, nous ne ferions que des âneries, vu que les couverts d'argent ne valent rien dans l'estomac, et que le linge se coupe quand on le cache sous un bât. Est-ce entendu, Puffo? Récolte de vivres, c'est légitime; mais point de vol, ou cent coups de bâton sur tes côtes; telle est ma manière de voir.

— C'est entendu, répondit Puffo en levant les épaules; il y a assez longtemps que j'écoute pour ça! Vous êtes un fameux bavard, vous!

Et Puffo s'en alla avec la lanterne, assez mécontent de son patron, lequel avait bien quelques motifs de soupçonner sa probité, ayant trouvé parfois, dans son bagage d'artiste ambulant, divers objets dont Puffo lui avait assez mal expliqué la soudaine propriété.

Ce n'était pourtant pas sans raison que, de son côté, Puffo avait accusé Cristiano d'être bavard. Il était du moins grand causeur, comme tous les hommes doués d'une forte vitalité intellectuelle et physique. Puffo subissait l'ascendant d'un esprit et d'un caractère infiniment supérieurs à sa faconde triviale et à ses instincts grossiers. Il était plus robuste du corps, et, lorsque Cristiano menaçait, lui grand et mince, ce Livournais trapu et musculeux, il comptait sur son influence ou sur son agilité plus que sur sa vigueur corporelle, qui, bien que notable, était moindre.

Cristiano, resté seul, s'abandonna à son innocente prédilection pour son âne. Il l'avait débarrassé de son bagage dès son entrée dans la salle de l'ourse. Il rangea dans un coin ce bagage, qui consistait en deux caisses assez grandes, en un faisceau de légers montants de bois blanc avec leurs traverses démontées, enfin en un ballot de toiles et de tapisseries assez fraîches, bien roulées dans un fourreau de cuir.

Tout cela, c'était son matériel d'artiste, son industrie, son gagne-pain. Quant à sa garde-robe, il n'en était point embarrassé. Elle consistait en une poignée de linge qui tenait dans un mouchoir, et en une souquenille de gros drap qui servait de couverture à Jean quand elle quittait le dos de son propriétaire. Le reste de ses effets était sur son corps, savoir une sorte de cape vénitienne passablement usée, un haut-de-chausses en étoffe grossière, et trois paires de bas de laine chaussées les unes sur les autres.

Cristiano, pour se livrer à son rangement d'installation, avait dépouillé sa cape, son bonnet de laine et son chapeau à larges bords. C'était un mince et grand garçon, d'une figure remarquablement belle, ombragée d'une masse de cheveux noirs en désordre.

Le poêle commençait à faire sentir sa chaleur, et le jeune homme au sang vif était, d'ailleurs, fort peu sensible au froid. Il allait donc par la chambre en bras de chemise, comme on dit, et prenait ses mesures pour passer la nuit aussi commodément que possible. Ce qui l'inquiétait, ce n'était pas de trouver ou non les lits qu'on lui avait annoncés : c'était de savoir où Jean trouverait le boire et le manger.

— J'ai été bien sot, se disait-il, de ne pas songer

à cela en passant au château neuf et à la ferme; mais le moyen de penser à quelque chose quand le vent vous souffle des aiguilles de glace dans les yeux! A la ferme, on nous disait (et, à présent que j'y songe, on nous le disait d'un air très-narquois) que nous trouverions de tout en abondance au vieux château, pourvu qu'il plût au vieux Stenson de nous ouvrir; or, il paraît que la chose ne lui plaisait pas, puisque nous avons été forcés d'ouvrir nous-mêmes. Allons, à tout risque, il faut savoir comment le cerbère de cette masure prendra la chose. Après tout, j'ai ma lettre d'admission dans ma poche, et, si l'on veut me chasser d'ici encore, je montrerai les dents.

Sur ce, Cristiano remisa Jean avec son bagage sous l'enfoncement que formait la saillie de l'escalier de bois, et, comme il cherchait, muni de sa bougie, un clou ou une cheville quelconque pour attacher l'âne, il vit qu'une porte s'ouvrait dans le lambris, juste au fond de cette logette, et pénétrait dans l'angle défectueux de la chambre.

Comme il n'avait guère remarqué cette irrégularité de plan, il ne se rendit pas compte s'il entrait dans un passage pratiqué dans un mur épais ou entre deux murs accolés par le haut. Il avait poussé la porte secrète, car c'en était une, sans s'attendre à la trouver ouverte, et, voyant qu'elle n'était retenue par rien, il s'en allait à l'aventure avec précaution. Il n'eut pas fait trois pas, que sa bougie s'éteignit. Heureusement, le poêle flambait, et il put l'y rallumer, tout en écoutant avec un certain plaisir le sifflement aigu et plaintif du vent engouffré dans le passage secret.

Cristiano avait l'esprit romanesque, et se plaisait aux poétiques fantaisies. Il lui sembla que les esprits enfermés si longtemps dans cette salle abandonnée se plaignaient à lui d'être dérangés dans leurs mystères, et, comme, d'ailleurs, il craignait que le froid n'aggravât le rhume du pauvre Jean, il eut soin, en sortant, de repousser la porte derrière lui, après avoir remarqué qu'elle était extérieurement garnie de forts verrous, mais que son propre poids suffisait pour la faire adhérer à son encadrement.

Nous le laisserons marcher à la découverte, et nous introduirons un autre voyageur dans la chambre de l'ourse.

Celui-ci entre aussi par surprise ; mais il est accompagné d'Ulphilas, qui l'éclaire avec respect, tandis qu'un petit laquais, tout de rouge habillé, les suit en grelottant. Ces trois personnages s'entretiennent en dalécarlien, et sont encore dans le préau,

Ulphilas avec une figure effarée, les deux autres d'un air impatient.

— Allons, Ulph, allons, mon garçon, assez de politesse ; éclairez-nous jusqu'à cette fameuse chambre et occupez-vous bien vite de mon cheval. Il est tout en sueur, pour nous avoir hissés en traîneau sur le roidillon de votre rocher. Ah ! le bon cheval ! Pour dix mille rixdallers, je ne voudrais pas le perdre.

Ainsi parlait à Ulphilas le premier avocat de la ville de Gevala, docteur en droit de la faculté de Lund.

— Comment, monsieur Goefle *, vous voulez passer la nuit ici ? Mais y songez-vous ?...

— Tais-toi, tais-toi. Je sais que ça contrarierait le brave Sten ; mais, quand je serai installé, il faudra bien qu'il en prenne son parti. Prends mon cheval, te dis-je... Moi, je saurai bien trouver mon chemin.

— Comment, monsieur l'avocat, vous venez comme ça de nuit, tout seul, avec votre petit-fils ?...

— Nigaud ! tu sais bien que je n'ai pas d'enfants ! Allons, toi, petit Nils, aide-moi donc à dételer ce

---

* *Gevala, Gefle, Gesle, Goefle,* sont le nom de la même ville, selon la manière d'écrire. Par une coïncidence fortuite, l'avocat dont il est ici question portait le nom de la ville où il exerçait.

pauvre Loki. Tu vois bien qu'ici on babille, et rien de plus. Voyons, remue-toi ; es-tu gelé pour un reste de voyage de trois ou quatre heures, à la nuit tombée?

— Laissez, laissez, monsieur Goefle, il est trop petit, dit Ulphilas sensible au reproche de l'avocat. Prenez à droite la première porte, mettez-vous à l'abri ; moi, je vous réponds du cheval.

— Bah ! la neige ne tombe plus. C'est une petite bourrasque qui a adouci le temps, reprit M. Goefle, qui, par profession et par goût, n'était pas moins causeur que Cristiano ; je n'ai pas eu froid du tout, et, pourvu que je mange un bon gruau et fume une bonne pipe avant de me coucher... Voyons, Nils, porte donc quelque chose là-bas, dans la chambre ; ça t'occupera, ça te réchauffera. Dors-tu déjà? Il n'est pas plus de sept heures.

— Ah ! monsieur Goefle, dit le petit laquais en claquant des dents, il y a si longtemps qu'il fait nuit ! et moi, la nuit, j'ai toujours peur !

— Peur ! de quoi donc? Allons, console-toi : dans cette saison-ci, les jours augmentent d'une minute et demie.

Tout en causant ainsi, M. Goefle, qui était un homme d'environ soixante ans, sec, actif et enjoué, mettait lui-même son cheval à l'écurie, tandis qu'Ulphilas remisait le traîneau, rangeait le harnais garni de clochettes, et que le petit Nils, assis sur les paquets, continuait à grelotter sous la galerie de bois qui entourait le préau.

Quand M. Goefle se fut assuré que son cher Loki, l'élégant et généreux petit cheval auquel il avait donné le nom du Prométhée de la mythologie scandinave, ne manquerait de rien, il se dirigea d'un pas assuré vers la chambre de l'ourse.

— Attendez, attendez, monsieur l'avocat, lui dit Ulphilas, ce n'est pas ici. La chambre à deux lits, qu'on appelle la chambre de garde...

— Eh! parbleu! je la connais bien, répondit M. Goefle, j'y ai déjà couché.

— Peut-être, mais il y a longtemps. Elle est maintenant si délabrée...

— Eh bien, si elle est délabrée, tu me feras un lit dans la chambre de l'ourse.

— Dans la chambre de...?

Ulph n'osa point achever, tant lui sembla inouïe l'idée de M. Goefle; mais, reprenant courage :

— Non, monsieur l'avocat, non, dit-il, cela ne se peut pas, vous vous moquez! Je vais chercher la clef de l'autre chambre, qui est peut-être moins mal tenue que je ne pensais (mon oncle y entre quelquefois), et, puisqu'il y a une autre porte sur la galerie, vous n'aurez pas le désagrément de traverser la chambre... que vous savez.

— Comment ! depuis le temps que la porte de l'escalier est murée, cette pauvre chambre de l'ourse n'a pas encore perdu sa mauvaise réputation ? Allons, Ulph, mon garçon, tu es par trop bête pour ton âge, et je t'ordonne de m'ouvrir par ici, tout de suite. Il fait trop froid pour attendre que tu ailles chercher les autres clefs, et, puisque tu as...

— Je ne l'ai pas ! s'écria Ulphilas. Je vous jure, monsieur Goefle, que je n'ai pas plus la clef de l'*ourse* que celle de la *garde*.

En discutant ainsi, M. Goefle, accompagné d'Ulphilas, qui l'éclairait à contre-cœur, et de Nils, qui lui marchait sur les talons, était arrivé à la première porte du donjon, au rez-de-chaussée duquel était située la chambre de l'ourse. Cette porte ne fermant que par un verrou extérieur, l'avocat avait pénétré sans obstacle dans le court vestibule, monté les trois marches et poussé la porte de l'*ourse*, qui céda à sa main impatiente et s'ouvrit toute grande avec un cri si plaintif, que Nils recula d'épouvante.

— Ouverte ! Elle était ouverte ! s'écria Ulphilas en pâlissant autant que sa face rouge et luisante était susceptible de pâlir.

— Eh bien, après? dit M. Goefle. C'est M. Stenson qui sera venu s'y promener.

— Il n'y vient jamais, monsieur Goefle. Oh! il n'y a pas de risque qu'il y vienne!

— Alors, tant mieux. Je peux m'installer sans le gêner et sans qu'il s'en aperçoive. Mais que me disais-tu donc? on vient ici, puisque le poêle flambe!... Je vois ce que c'est, monsieur Ulphilas Stenson! tu as loué ou promis cette chambre à quelqu'un que tu attendais. Ma foi, tant pis! Il n'y a pas de place au château neuf, il faut qu'il s'en trouve ici pour moi! Mais console-toi, mon pauvre garçon, je te payerai aussi bien que n'importe qui. Allume ces flambeaux... c'est-à-dire va chercher de quoi les garnir, et puis apporte des draps, la bassinoire, tout ce qu'il faut, et n'oublie pas le souper, au moins! Nils t'aidera, il est très-adroit, très-vif, très-gentil. Voyons, Nils, exerce-toi; trouve tout seul la chambre où nous devons coucher, la *garde,* comme dit Ulphilas. Je sais où elle est, mais je ne veux pas te le dire. Cherche, fais-nous voir que tu es intelligent, monsieur Nils!

Le bon M. Goefle parlait dans le désert: Ulph était comme pétrifié au milieu de la chambre, Nils se cuisait les mains le long du poêle, et l'avocat faisait tout seul son installation.

Enfin Ulph poussa un soupir à faire tourner les moulins et s'écria d'un ton emphatique :

— Sur l'honneur, monsieur Goefle, sur mon salut éternel, je n'ai loué ni promis cette chambre à personne ; pouvez-vous avoir une pareille idée, sachant les choses qui s'y sont passées et celles qui s'y passent encore ! Ah ! pour rien au monde, mon oncle Stenson ne voudrait consentir à vous laisser ici ! Je vais l'avertir de votre arrivée, et, puisque l'on ne vous a pas gardé votre appartement au château neuf, mon oncle vous donnera le sien au château vieux.

— C'est à quoi je ne consens pas, répondit M. Goefle ; je te défends même de lui dire que je suis là. Il saura demain que je m'y trouve on ne peut mieux : la chambre de garde est un peu petite ; c'est tout ce qu'il faut pour dormir. Celle-ci sera mon salon et mon cabinet de travail. Elle n'est pas gaie ; mais, pour trois ou quatre jours, j'y serai au moins tranquille.

— Tranquille ! s'écria Ulph, tranquille dans une chambre hantée par le diable ?

— A quoi vois-tu ça, mon ami Ulph ? dit en souriant le docteur en droit, tandis qu'au froid de l'hiver le froid de la peur s'unissait pour donner le frisson au petit Nils.

— Je vois ça à trois choses, répondit Ulph d'un air sombre et profond. La première, c'est que vous avez trouvé la porte du préau ouverte, quand, moi, je l'avais fermée après le coucher du soleil; la seconde, c'est que la porte de cette chambre était ouverte aussi, chose que je n'ai pas vue depuis cinq ans que je suis venu ici soigner et servir mon oncle; la troisième, et la plus incroyable, c'est qu'on n'a pas allumé de feu ici depuis vingt ans, et peut-être davantage, et que voici le feu qui brille et le poêle qui chauffe!... Enfin... attendez, monsieur le docteur, voilà sur le plancher de la cire tout fraîchement répandue, et pourtant...

— Et pourtant tu viens de la répandre toi-même, car tu tiens ta lanterne tout de travers!

— Non, monsieur Goefle! non! ma chandelle est une chandelle de suif, et ce que je vois là sous le lustre... attendez!

Et, levant la tête, Ulph fit un cri d'horreur en s'assurant qu'au lieu de onze bougies et une demie, le lustre n'en avait plus qu'une demie et dix.

L'avocat était d'un naturel bienveillant et optimiste. Au lieu de s'impatienter de la préoccupation d'Ulphilas et de l'effroi de Nils, il ne songea qu'à s'en divertir.

— Eh bien, vive Dieu! dit-il d'un ton très-sérieux,

cela prouve que les kobolds se sont installés ici, et, s'il leur plaisait de se montrer à moi, qui ai désiré toute ma vie de faire connaissance avec eux, sans avoir jamais pu en apercevoir un seul, je m'applaudirais d'autant plus d'avoir choisi cette chambre, où je dormirai sous leur aimable protection.

— Non, monsieur le docteur, non, reprit Ulph, il n'y a point ici de kobolds; c'est un endroit triste et maudit, vous le savez bien, un endroit où les trolls du lac viennent tout déranger et tout gâter, comme de méchants esprits qu'ils sont, tandis que les petits kobolds sont amis des hommes et ne songent qu'à leur rendre service. Les kobolds conservent et ne gaspillent pas. Ils n'emportent rien...

— Au contraire, ils apportent! Je sais tout ça, maître Ulph; mais qui te dit que je n'ai pas à mon service particulier un kobold qui m'a devancé ici? C'est lui qui aura pris la bougie pour allumer le feu, afin de me faire trouver en arrivant un local réchauffé; c'est lui qui m'avait ouvert les portes d'avance, sachant que tu es un grand poltron et que tu me ferais longtemps attendre; enfin c'est lui qui va t'accompagner et t'aider à m'apporter à souper, si tu veux bien en avoir l'intention, car tu sais que les kobolds n'aiment guère les nonchalants et ne servent que ceux qui ont bonne volonté de servir les autres.

Cette explication ramena un peu de calme chez les deux auditeurs ; Nils osa interroger de ses grands yeux bleus les sombres parois de la salle, et Ulph, après lui avoir remis une clef qui ouvrait l'armoire de la chambre de garde, se décida à sortir pour aller préparer le souper.

— Allons, Nils, dit l'avocat à son petit laquais, nous ne voyons guère avec cette méchante lanterne qu'on nous laisse ; tu feras les lits plus tard ; tu vas, en attendant, défaire la malle. Pose-la sur la table.

— Mais, monsieur le docteur, dit l'enfant, je ne pourrai pas seulement la soulever ; elle est lourde !

— C'est vrai, reprit l'avocat ; il y a des papiers dedans, et c'est très-lourd.

Il mit lui-même, avec un peu d'effort, la malle sur une chaise, en ajoutant :

— Prends au moins la valise aux habits. Je n'ai apporté que l'indispensable ; ça ne pèse rien.

Nils obéit, mais il ne put jamais ouvrir le cadenas.

— Je te croyais plus adroit que ça ! dit l'avocat un peu impatienté. Ta tante me disait... Je crois qu'elle t'a un peu surfait, la bonne Gertrude !

— Oh! reprit l'enfant, je sais très-bien ouvrir les malles quand elles ne sont pas fermées... Mais dites-moi donc, monsieur Goefle, est-ce vrai que vous avez un kobold?

— Un quoi? un kobold? Ah! oui, je n'y étais plus, moi! Tu crois donc aux kobolds, mon garçon?

— Oui, s'il y en a. Est-ce qu'ils ne sont jamais méchants?

— Jamais, d'autant plus qu'ils n'existent pas.

— Ah! vous disiez pourtant...

— J'ai dit cela pour me moquer de cet imbécile. Quant à toi, Nils, je ne veux pas t'élever dans ces sottises-là. Tu sais, je ne veux pas seulement faire de toi mon domestique, je veux te donner un peu d'éducation et de bon sens, si je peux.

— Pourtant, monsieur Goefle, ma tante Gertrude y croit bien, elle, aux bons et aux méchants esprits!

— Ma gouvernante croit à ça? Elle ne s'en vante pas devant moi! Voyez un peu comme les gens nous attrapent! Elle fait l'esprit fort, quand j'ai le temps de causer avec elle... Mais non, va, elle n'y croit pas; elle dit ça pour t'amuser.

— Mais ça ne m'amuse pas, moi; ça me fait peur! ça m'empêche de m'endormir!

— En ce cas, elle a tort. Mais que fais-tu là? Est-ce ainsi que l'on défait une valise, en jetant tout par terre? est-ce ainsi que le pasteur de Falun t'a enseigné le service?

— Mais, monsieur Goefle, je ne servais pas le pasteur. Il m'avait pris seulement pour jouer avec son petit garçon, qui était malade, et nous nous amusions bien, allez! Nous faisions toute la journée de petits bateaux de papier ou de petits traîneaux avec de la mie de pain!

— Ah! ah! c'est bon à savoir, ça! dit le docteur en droit d'un air courroucé; et Gertrude qui me disait que tu t'étais rendu si utile dans cette maison!

— Oh! monsieur Goefle, j'étais bien utile!

— Oui, pour les bateaux de papier et les traîneaux de mie de pain! C'est très-utile assurément; mais si, à l'âge où te voilà, tu ne sais pas faire autre chose...

— Mais, monsieur Goefle, j'en sais bien autant que les autres enfants de dix ans!

— De dix ans, bourreau? tu n'as que dix ans? Et ta tante qui t'en donne treize ou quatorze! Eh bien, qu'est-ce que tu as, imbécile? Pourquoi pleures-tu?

— Dame, monsieur le docteur, vous me grondez! Ce n'est pas ma faute si je n'ai que dix ans.

— C'est juste! Voilà ta première parole sensée depuis ce matin que j'ai le bonheur de te posséder à mon service. Allons, essuie tes yeux et ton nez! Je ne t'en veux pas. Tu es grand et fort pour ton âge, c'est toujours ça, et, ce que tu ne sais pas, tu l'apprendras, n'est-ce pas?

— Oh! oui, monsieur Goefle. Je ne demande pas mieux!

— Mais tu l'apprendras vite?... Je suis fort impatient, je t'en avertis!

— Oui, oui, monsieur Goefle, j'apprendrai tout de suite.

— Sais-tu faire un lit?

— Oh! je crois bien! Chez le pasteur, je faisais toujours le mien tout seul!

— Ou tu ne le faisais pas du tout! N'importe, nous verrons ça.

— Mais, monsieur Goefle, ma tante me disait, quand elle est venue à Falun pour me mettre en route avec vous, ce matin: « Tu n'auras rien à faire au château où tu vas avec ton maître. Il y a dans le château de M. le baron de... de... »

— De Waldemora.

— Oui, oui, c'est ça! « Il y a de belles chambres toujours propres et un tas de domestiques qui font tout. Ce que M. Goefle veut, c'est qu'on soit là pour commander à sa place, et il ne veut plus emmener François, parce que François ne reste jamais dans sa chambre. Il va boire et se divertir avec les autres laquais, et monsieur est obligé de courir partout et d'appeler pour demander ce qu'il lui faut. Ça le dérange. Monsieur n'aime pas ça du tout. Toi, tu seras bien sage; tu ne le quitteras jamais, tu entends bien? Tu le feras servir, et on te servira aussi. »

— Ainsi, dit le docteur, voilà sur quoi tu as compté?

— Dame! je suis bien sage, monsieur Goefle; je ne vous quitte pas, vous voyez; je ne vais pas courir avec les grands laquais du château!

— Il vaudrait mieux!... Mais je t'en défierais bien là où nous sommes.

— Il n'y a donc pas, pour aller au château neuf, d'autre chemin que le lac?

— Non vraiment; sans quoi, je vois bien que tu serais déjà avec les grands laquais galonnés.

— Oh! non, monsieur Goefle, puisque vous ne voulez pas! Mais comme c'était beau là dedans!

— Où donc? à Waldemora?

— Oui; c'est comme ça qu'ils appellent le château neuf... Oh! monsieur Goëfle, c'était bien plus joli qu'ici! Et il y avait tant de monde! Je n'y avais pas peur!

— Fort bien, monsieur Nils, ça vous tournait la tête, à vous, ce palais plein de monde, de bruit, de flambeaux, de dorures, de désordre et de mangeaille! Quant à moi, ce n'est pas mon goût de passer la nuit au bal et d'attendre au lendemain le hasard d'une chambre à partager avec quatre ou cinq jeunes fous pris de vin ou de querelle ! J'aime à manger peu, mais souvent et tranquillement, à dormir quelques heures, mais avec sécurité. Et, d'ailleurs, je ne suis pas venu ici pour me divertir, moi. J'ai des affaires importantes à régler pour le compte du baron; il me faut ma chambre, ma table, mon écritoire et un peu de silence. Je le trouve maussade, ce cher baron, d'avoir oublié, au milieu de ses fêtes et réjouissances, que je ne suis plus un jeune étudiant avide de musique et de valse ! Je lui en dirai ma façon de penser demain matin. Il eût dû me faire préparer cet appartement-ci, ou tout autre, loin du vacarme et à l'abri des importuns ! Il n'a tenu à rien que je ne reprisse le chemin de Falun, quand j'ai vu l'étonnement des laquais à mon arrivée et leur embarras pour me caser convenablement; mais la neige m'a fait peur, et, d'ailleurs, Loki avait chaud ! Je me suis rappelé heureusement qu'il y avait au vieux Stollborg une chambre endiablée dont personne ne voulait, et que l'on n'offrait à personne. Nous y voilà, nous y sommes bien. Demain, Nils, tu m'ôteras toute cette poussière et ces toiles d'araignées. J'aime la propreté, moi !

— Oui, monsieur Goefle, je dirai ça à M. Ulph, car je ne suis pas assez grand pour nettoyer là-haut !

— Oui, je vois ça. Nous le dirons à Ulph !

— Mais dites donc, monsieur Goefle, pourquoi est-ce qu'on appelle la chambre de l'ourse, cette chambre-là?

— C'est un nom comme un autre, répondit M. Goefle, qui, occupé à ranger ses papiers dans le tiroir de la table, jugea bien inutile d'expliquer le blason à M. Nils.

Cependant il s'aperçut bientôt d'un redoublement de frayeur chez l'enfant.

— Voyons, qu'est-ce que tu as? lui dit-il avec impatience. Tu ne fais que me suivre pas à pas, et tu ne m'aides à rien?

— C'est que j'ai peur des ours, répondit le brave Nils, et vous avez parlé de la grande ourse à Falun avec M. le pasteur. Je l'ai bien entendu!

— Moi! j'ai parlé de la grande ourse? Ah! oui, c'est vrai! Le pasteur s'occupe d'astronomie, et nous disions... Mais rassure-toi, vaillant jeune homme! Nous parlions de la constellation de la grande ourse qui est dans le ciel.

— Ah! elle est dans le ciel, la grande ourse! s'écria Nils tout joyeux. Alors elle n'est pas ici? Elle ne viendra pas dans cette chambre?

— Non, dit en riant l'avocat. Elle est trop loin, trop haut! Si elle voulait descendre, elle se casserait les pattes. Donc, tu n'en as plus peur?

— Oh! non, plus du tout! Pourvu qu'elle ne tombe pas!

— Bah! elle est attachée là-haut par sept clous de diamant d'une belle taille, va!

— C'est donc le bon Dieu qui l'a clouée parce qu'elle était méchante?

— Probablement! A présent, tu ne la crains plus?

— Oh! non! fit Nils avec un geste profondément sceptique.

— Alors va-t'en chercher Ulph pour lui dire...

— Monsieur Goefle, vous avez aussi parlé de l'homme deneige!

— Oui. Ah çà! tu écoutes donc tout ce que l'on dit, toi?... C'est agréable!

— Oh! oui, monsieur Goefle, répondit Nils ingénument! j'écoute tout, moi!

— Et qu'est-ce que c'est, selon toi, que l'homme de neige?

— Je ne sais pas. M. le pasteur vous disait tout bas en riant : « Vous allez donc voir l'homme de neige?

— Il voulait parler d'une montagne qui s'appelle comme ça, apparemment.

— Oh! que non! Vous avez dit: « Est-ce qu'il marche toujours aussi droit? » Et le pasteur a répondu : « Il chasse toujours sur son lac. » Oh ! je comprends bien le suédois, allez ! aussi bien que le dalécarlien !

— D'où tu conclus...?

— Qu'il y a, sur le lac où nous avons passé tout à l'heure, un grand homme de neige qui marche !...

— C'est ça ! et qui est suivi d'un grand ours ! Tu as de l'imagination, petit ! Est-ce un ours blanc ou un noir ?

— Je ne sais pas, monsieur Goefle.

— Il faudrait pourtant savoir ça avant de nous décider à souper dans cette chambre. S'ils allaient venir se mettre à table avec nous !

Nils vit bien que M. Goefle se moquait de lui, et il se mit à rire. Le docteur s'applaudissait de son moyen de guérir les enfants de la peur, lorsque Nils, redevenu tout à coup silencieux, lui dit :

— Monsieur Goefle, allons-nous-en d'ici ! C'est un endroit bien laid !

— Très-bien ! s'écria l'avocat avec humeur. Voilà les enfants ! J'ai la bonté d'apprendre à monsieur que l'ourse est une constellation, et il a beaucoup plus peur qu'auparavant !

Nils, voyant son maître fâché, s'en prit encore une fois à ses yeux. C'était un enfant gâté et cependant craintif. M. Goefle, bon par excellence, se persua-

1.

dait et se plaisait à dire qu'il n'aimait pas l'enfance, et que, si quelque chose le consolait de ne pas avoir songé au mariage en temps utile, c'était la liberté d'esprit assurée à ceux qui n'ont pas l'ennui des marmots et la responsabilité de leur avenir. Cependant la vive sensibilité dont il était doué, et que les enthousiasmes et les excitations du barreau n'avaient fait que développer à son insu, lui rendait insupportables les chagrins et les pleurs des êtres faibles, si bien que, tout en grognant contre la sottise de son petit valet, tout en se confirmant dans sa passion pour les discussions éclairées ou subtiles qui gagnent les causes quand on parle à des hommes et qui les compromettent quand on parle à des enfants, il s'efforça de consoler et de rassurer celui-ci ; il alla même jusqu'à lui promettre que, si la grande ourse se présentait à la porte de la chambre, il lui passerait son épée au travers du corps plutôt que de la laisser entrer.

M. Goefle se pardonna ce qu'il appelait son absurde condescendance en sentant un joli récit de sa soirée au Stollborg s'arranger de lui-même dans sa tête pour le divertissement de ses amis de Gevala.

Cependant Ulph ne revenait pas. Qu'il lui fallût du temps pour trouver de quoi souper dans le modeste ménage de maître Stenson, M. Goefle le concevait ;

mais qu'il ne rapportât pas de lumière, c'était un oubli impardonnable.

Le bout de chandelle allait finir dans la lanterne, et l'avocat, qui avait toujours la main blanche et la manchette irréprochable, n'osait toucher à ce vilain ustensile pour s'éclairer autour de la chambre. Il prit pourtant ce parti pour aller voir si, dans la pièce voisine, il ne trouverait pas quelque provision ou quelque reste de bougie dans l'armoire dont Ulph lui avait laissé la clef. Nils le suivit en le tenant doucement par le pan de son habit.

Ces deux chambres, qui pour M. Goefle en ce moment représentaient la jouissance d'un seul appartement, étaient séparées l'une de l'autre par l'épaisseur d'un très-gros mur et par deux portes solides. M. Goefle connaissait bien la localité ; mais il y avait si longtemps qu'il n'avait eu affaire dans l'intérieur, qu'il eut quelque peine à trouver la première de ces deux portes. Il la cherchait en face de celle par laquelle il était entré, et il avait raison ; mais, au lieu d'être sur le même alignement, elle était sur la gauche, et dissimulée dans la boiserie, comme celle que Cristiano avait découverte par hasard sous l'escalier, et dont le docteur ni Ulphilas ne soupçonnaient l'existence. Ce système de portes bien closes et sans serrures apparentes n'était cependant pas une affectation de mystère : c'était tout simplement l'exécution soignée d'un revêtement de menuiserie, exécution qui devient presque un art dans les pays froids.

M. Goefle, une fois en possession d'une chambre à deux lits qui avait été remise à neuf une dizaine d'années auparavant, et qui était assez confortable, n'eut pas la peine de chercher dans l'armoire. Le premier objet que ses yeux rencontrèrent en se portant sur la cheminée fut une paire de lourds flambeaux à trois branches portant chacun trois bougies entières. Il était temps ; le bout de chandelle expirait dans la lanterne.

— Puisque nous voilà sûrs de ne pas rester dans l'obscurité, dit M. Goefle au petit, faisons tout de suite notre ménage ici. Allume le feu, je tirerai les draps de l'armoire.

Les draps étaient placés sur les lits avant que Nils eût réussi à autre chose qu'à remplir la chambre de fumée. Quand il fut question de faire ces lits, qui étaient fort grands, il n'imagina rien de mieux que de monter dessus pour atteindre le milieu du traversin. M. Goefle eut fort envie de se fâcher ; mais, voyant que cela n'amènerait que des pleurs, il se résigna à faire tout seul non-seulement son lit, mais encore celui de son petit laquais.

Il n'avait jamais fait cette besogne, et pourtant il allait en venir à son honneur, lorsqu'il fut interrompu par un bruit formidable partant de la chambre de l'ourse, dont les portes étaient restées ouvertes. C'était comme un hurlement âpre, éclatant, et cependant burlesque. Nils se laissa tomber à quatre pattes et trouva prudent de se cacher sous le lit, tandis que M. Goefle, l'œil écarquillé et la bouche ouverte, se demandait, sans terreur, mais avec un grand étonnement, d'où pouvait provenir un pareil chant.

— Si, comme je le crois bien, pensa-t-il, c'est quelque mauvais plaisant qui veut m'effrayer, il imite d'une singulière façon le grognement de l'ourse. C'est bien plutôt la voix de l'âne qu'il reproduit, et cela dans une rare perfection ; mais me prend-il pour un Lapon de s'imaginer que je n'aie jamais entendu braire un baudet ? — Allons, allons, Nils, dit-il en cherchant son petit laquais, il n'y a point là de magie ; allons voir ce que c'est.

Mais Nils se serait fait tuer plutôt que de bouger ou seulement de répondre ; et M. Goefle, ne sachant ce qu'il était devenu, prit le parti d'aller seul à la découverte.

Il ne fut pas peu surpris de se trouver face à face avec un véritable âne au milieu de la chambre de l'ourse, un bel âne en vérité, tel que jamais il n'en avait vu en Suède, et d'une si honnête figure, qu'il était impossible de lui faire un mauvais accueil et de prendre sa visite en mauvaise part.

— Eh! mon pauvre ami, lui dit en riant M. Goefle, d'où sors-tu? Que viens-tu faire en ce pays, et que viens-tu me demander?

Si Jean eût eu le don de la parole humaine, il eût répondu que, caché sous l'escalier, où personne n'avait eu l'idée de regarder, il avait fait un somme en attendant avec confiance le retour de son maître, mais que, ne le sentant pas revenir, et commençant à avoir grand'faim, il avait perdu patience et pris le parti de défaire la corde, qui l'attachait fort peu, pour venir demander à souper à M. Goefle.

Celui-ci devina sa pensée avec une grande perspicacité, mais ne comprit pas comment Ulph, qu'il supposait chargé de la garde de cet âne, lui avait donné pour écurie la redoutable chambre du Stollborg. Il bâtit un monde de suppositions dans sa tête. Cet animal étant une rareté dans les pays froids, le baron, qui avait un attelage de rennes, autre rareté dans cette région, trop froide pour les ânes et pas assez froide pour les rennes, y tenait probablement beaucoup, et avait dû charger les gardiens de son vieux château de le soigner et de le tenir dans un local bien chauffé.

— Voilà pourquoi, se dit M. Goefle, j'ai trouvé le poêle allumé. Mais pourquoi Ulph, au lieu de me dire tout bonnement la vérité, a-t-il fait semblant de croire la chambre hantée? Voilà ce que je ne m'explique pas. Peut-être avait-il reçu l'ordre de calfeutrer une écurie *ad hoc,* et, ne l'ayant pas fait, peut-être a-t-il voulu cacher sa négligence, espérant que je me dégoûterais de la chambre, ou que je ne m'apercevrais pas de la présence de cet étrange compagnon... Quoi qu'il en soit, ajouta M. Goefle en s'adressant gaiement à Jean, dont la figure le divertissait, je t'en demande bien pardon, ô mon pauvre âne, mais je ne suis pas disposé à te garder si près de moi. Tu as la voix très-belle, et j'ai le sommeil fort léger. Je vais te conduire auprès de Loki, dont le voisinage te réchauffera, et dont tu voudras bien, pour cette nuit, partager le souper et la litière. Allons, Nils! ici, mon enfant, il faut m'éclairer jusqu'à l'écurie!

Ne recevant aucune réponse, M. Goefle fut obligé de retourner dans la chambre de garde, de découvrir la cachette de Nils, de l'en tirer par une patte et de l'apporter, bon gré, mal gré, sur le dos de l'âne. D'abord M. Nils, se croyant à cheval sur l'ourse fantastique, fit des cris perçants, d'autant plus qu'il n'avait jamais vu d'âne, et qu'il n'était pas moins effrayé des longues oreilles de Jean qu'il ne l'eût été des cornes du diable ; mais il se rassura peu à peu en voyant la douceur et la tranquillité de sa monture. M. Goefle lui mit en main le flambeau à trois branches, il tira lui-même l'âne par la corde, et ils sortirent tous trois du donjon, se dirigeant vers l'écurie, en suivant, le long du préau couvert de neige, la galerie de bois, à auvent moussu, qui en faisait le tour.

En ce moment, Ulph sortait du pavillon habité par son oncle, et se dirigeait vers le donjon, portant d'une main une lanterne, de l'autre un grand panier rempli des ustensiles nécessaires pour mettre le couvert de M. l'avocat. Cette fois Ulph était aussi désireux de rentrer dans la chambre de l'ourse qu'il avait été naguère contrarié d'y entrer. C'est qu'il éprouvait cet invincible besoin de société qui s'empare d'un homme épouvanté par la solitude. Voici ce qui était arrivé à Ulph.

En vrai Suédois, Ulph était la prévenance et l'hospitalité mêmes ; mais, depuis quelques années qu'il habitait la sombre masure du Stollborg, en compagnie d'un personnage morne et sourd, le pauvre Ulph était devenu si superstitieux et si poltron, qu'après le coucher du soleil il ne manquait jamais de se barricader dans sa chambre, résolu à laisser périr dans les glaces et dans les neiges quiconque lui faisait entendre une voix suspecte. Si M. Goefle n'eût trouvé la porte du manoir ouverte par le vigoureux poignet de Puffo, et si Ulph n'eût pas reconnu la voix de l'avocat dans le préau, l'estimable docteur en droit eût été certainement forcé de retourner au château neuf, dont il redoutait si fort le bruit et l'encombrement.

Après l'avoir introduit dans le donjon, Ulph s'était un peu tranquillisé. Il s'était même dit que tout était pour le mieux, vu que, si M. Goefle voulait affronter le diable, c'était son affaire, et qu'il valait encore mieux le recevoir que d'être forcé de le reconduire au château neuf, ordre qui eût entraîné pour le pauvre guide la fâcheuse nécessité de revenir seul sur le lac, peuplé de gnomes effroyables. Heureusement, le vieux gardien du Stollborg, malingre, frileux, habitué à dormir de bonne heure, s'était enfermé dans son pavillon, situé au fond d'une seconde petite cour, et dont les fenêtres, donnant sur le lac, n'avaient pas vue sur le préau. Il n'y avait donc guère d'apparence qu'endormi ou non, il se doutât de la présence de son hôte avant le lendemain matin. Après mûre réflexion, Ulph avait résolu de ne pas l'avertir et de préparer de son mieux le souper de

M. Goefle. Sten était fort sobre; mais il était l'objet
des plus grandes attentions de la part de son maître,
le baron de Waldemora (propriétaire, comme on l'a
vu, du château neuf et du vieux donjon), qui avait
donné, une fois pour toutes, les ordres les plus précis
à son nouvel intendant pour qu'il fût pourvu largement au bien-être du vieux et fidèle serviteur de sa
maison.

Ulph aimait à bien vivre, et, remarquant que son
oncle renvoyait, par discrétion et par esprit d'ordre,
le superflu des provisions qu'on lui apportait du château neuf, il s'était arrangé pour tout recevoir sans
l'en avertir. Il avait donc un certain coin mystérieux
dans la cuisine où il cachait ses richesses gastrono-
miques, et une certaine petite cave, creusée dans le
roc, bien fraîche en été, bien tiède en hiver, où s'a-
moncelaient, derrière certaines tonnes vides, des
bouteilles de vieux vins, objets d'un grand prix, à
coup sûr, dans une contrée où la vigne est une plante
de serre chaude.

Ulph n'était pas cupide; c'était un honnête garçon
qui, pour rien au monde, n'eût fait argent des pré-
sents du baron à son oncle. Même il avait le cœur
bon, et, quand il pouvait retenir un camarade, il lui
faisait part mystérieusement de ses dives bouteilles,
heureux de ne pas être forcé de boire seul, ce qui

rend l'ivresse triste. Cependant l'apparition, non pas d'une ourse, comme le croyait Nils, mais d'un fantôme lamentable dans le donjon, était une chose trop avérée pour que le pauvre Ulph pût garder un seul convive après le coucher du soleil. Alors il prenait le parti de *s'achever*, pour se donner du cœur, et c'est alors que lui apparaissaient les méchants trolls et les *stroemkarls*, qui tâchent d'emmener leurs victimes dans les cascades pour les y précipiter. C'est probablement pour ne pas être tenté de les suivre que le judicieux Ulphilas buvait jusqu'à perdre entièrement l'usage de ses jambes. Il y avait bien, dans la nombreuse suite du baron, des laquais esprits forts et cosmopolites qui ne croyaient à rien; mais Stenson les haïssait tous plus ou moins, et son neveu Ulph partageait ses antipathies.

Donc, Ulphilas Stenson avait de quoi faire bonne cuisine à M. Goefle, et il n'était pas maladroit pour frire et rôtir. Après tout, la gaieté de l'avocat l'avait un peu ranimé, et il se promettait de faire une bonne petite causerie en le servant; mais ses idées riantes furent tout à coup troublées par des bruits étranges : c'était comme des frôlements furtifs dans l'épaisseur des murs, comme des craquements dans les boiseries; vingt fois la poêle lui tomba des mains, et il y eut un moment où il lui sembla si bien que ses soupirs de terreur avaient un écho moqueur derrière lui, qu'il resta trois bonnes minutes sans oser respirer, et encore moins se retourner.

C'était là la cause de son peu d'activité dans la confection de ce repas tant désiré. Enfin, ayant, tant bien que mal, parachevé son œuvre, il descendit à la cave pour y chercher le vin. Là de nouvelles angoisses l'attendaient. Au moment où, convenablement chargé, il allait sortir de ce sanctuaire, une grande figure noire glissa devant lui. Sa lanterne s'éteignit, et les mêmes pas mystérieux qui l'avaient tant effrayé dans la cuisine montèrent rapidement avant lui les degrés de la cave. Ulph faillit s'évanouir; mais il reprit encore une fois courage et regagna sa cuisine, où il laissa ses casseroles *mijoter* leur contenu sur les fourneaux, résolu d'aller, sous prétexte de couvert à mettre, se guérir de son effroi auprès de M. Goefle.

C'est au moment où, chargé de ses ustensiles de service, il suivait la galerie de bois, qu'il se trouva face à face avec la bizarre apparition que présentait le docteur en droit, coiffé de son bonnet de nuit, et tirant par le licol un animal étrange, impossible, une bête qu'en véritable paysan dalécarlien de cette époque, Ulph n'avait jamais vue, dont peut-être il n'avait jamais entendu parler, et sur cette bête, qui projetait le long de la galerie l'ombre de ses oreilles gigantesques, une triple flamme portée par un petit diable rouge, que M. Goefle avait bien voulu faire passer pour son laquais, mais qui ne pouvait être que le kobold en personne, le démon familier que l'avocat s'était vanté d'avoir sous ses ordres.

C'en était trop pour le pauvre Ulph. Il estimait les kobolds, mais ne souhaitait point les voir. Il posa d'une main défaillante son panier par terre, et, virant de bord, il alla s'enfermer dans sa chambre en jurant par son salut éternel qu'il n'en sortirait de la nuit, dût l'avocat mourir de faim et le diable manger le souper destiné à l'avocat.

Aussi ce fut bien en vain que M. Goefle l'appela. Il n'en reçut pas de réponse, et prit le parti de mettre l'âne à l'écurie, de s'emparer du panier abandonné, et de retourner mettre son couvert, avec l'aide de Nils, dans la chambre de l'ourse.

— Allons, se dit-il, la philosophie est nécessaire en voyage, et, puisque voici des verres, des couverts et des assiettes, espérons que ce lunatique a l'intention d'y joindre quelque victuaille. Attendons son bon plaisir, puisqu'il n'y a pas moyen de faire autrement, et débouchons toujours ces bouteilles de bonne mine.

Nils ne mit pas trop mal la nappe, il ne laissa pas

ralentir le poêle, et M. Goefle se sentait remis en possession de sa belle humeur naturelle, lorsque Nils commença à prendre des poses molles et brisées qui témoignaient d'une subite invasion de sommeil.

— Secoue-toi un peu, lui dit l'avocat; il s'agit de manger. Tu dois avoir faim.

— Hélas! oui, monsieur Goefle, répondit l'enfant; mais j'ai tant envie de dormir, que je ne pourrai jamais attendre que vous soyez servi et que vous ayez fini de manger. Tenez, voilà du pain et des confitures de mûres sauvages; laissez-moi en goûter un peu; après ça, j'aurai la force de vous servir.

M. Goefle ouvrit lui-même le pot de confitures, et Nils s'assit sans façon à la place destinée à son maître, tandis que celui-ci chauffait ses pieds refroidis par le voyage à l'écurie. M. Goefle était aussi actif d'imagination que de paroles. Quand il n'avait plus occasion de causer, il travaillait dans son esprit ou partait joyeusement pour d'agréables rêveries, si bien qu'au bout d'un quart d'heure, la faim le tiraillant de nouveau, il se retourna pour voir si Ulph était enfin de retour avec quelque plat plus solide que les confitures; mais il ne vit que le petit Nils profondément endormi, la tête sur la table et le nez dans son assiette.

— Allons, allons ! lui dit-il en le secouant. Tu as mangé, tu dormiras plus tard ! Songe à me servir ; va voir si Ulph...

Mais il était inutile à M. Goefle de formuler sa pensée. Accablé par l'impérieux sommeil de l'enfance, Nils était debout, les yeux hagards, et trébuchant comme un homme ivre. M. Goefle en eut pitié.

— Allons, va te coucher, dit-il, puisque tu n'es bon à rien !

Nils s'en alla vers la chambre de garde, s'appuya contre la porte, et y resta, dormant debout. Il fallut le conduire à son lit. Là, ce fut un autre embarras. Monsieur n'avait pas la force d'ôter ses guêtres. M. Goefle ôta les guêtres de son laquais, ce qui ne fut pas facile, les guêtres étant justes et les jambes amollies par le sommeil.

M. Goefle allait le hisser dans son lit lorsqu'il s'aperçut que le drôle s'y était fourré tout habillé.

— Que le diable t'emporte ! lui dit-il ; t'ai-je fait faire d'avance ces beaux habits neufs pour coucher avec ? Allons, vite, debout, et prends la peine de te déshabiller, c'est bien le moins !

Nils, remis, bon gré, mal gré, sur ses pieds, fit d'inutiles tentatives pour se déboutonner. La tante Gertrude, charmée d'avoir un crédit ouvert pour le faire équiper en petit laquais avant de le présenter à son maître, lui avait fait faire des hauts-de-chausses de peau d'élan et une veste de drap rouge si bien coupés, qu'il y était tassé comme dans une gaine, et que M. Goefle lui-même eut grand'peine à l'en faire sortir. Il lui fallut le prendre sur ses genoux devant la cheminée, car durant cette opération l'enfant grelottait. M. Goefle avait beau enrager et maudire Gertrude de lui avoir donné un pareil serviteur, l'humanité lui défendait de le laisser geler. Et puis Nils le désarmait par sa gentillesse. A chaque reproche de son maître, il répondait naïvement :

— Vous verrez demain, monsieur Goefle, je vous servirai bien, et puis je vous aimerai bien !

— Ce sera toujours ça ! répondait le bon docteur en le bousculant un peu. C'est égal, je préférerais être un peu moins aimé et un peu mieux servi !

Enfin Nils était couché, et M. Goefle se remettait en route vers son problématique souper, lorsque l'enfant le rappela sans façon pour lui dire d'un ton de reproche :

— Eh bien, monsieur, vous me laissez donc là tout seul !

— En voici bien d'une autre ! s'écria l'avocat. Il te faut de la compagnie pour dormir?

— Mais, monsieur Goefle, je ne dormais jamais seul dans ma chambre chez M. le pasteur de Falun, et surtout ici où j'ai peur... Oh! non, tenez, si vous me laissez là, j'aime mieux dormir par terre dans la chambre où vous serez!

Et Nils, réveillé maintenant comme un chat, sauta hors du lit, et fit mine de s'en aller en chemise avec son maître dans la chambre de l'ourse. Pour le coup, M. Goefle perdit patience. Il gronda; Nils se remit à pleurer. Il voulut l'enfermer; Nils se remit à crier. Le docteur prit un parti héroïque.

— Puisque j'ai fait cette sottise, se dit-il, d'avoir cru qu'un enfant de dix ans en avait quatorze, et de m'imaginer que Gertrude avait un grain de bon sens dans la cervelle, il me faut en porter la peine. Cinq minutes de patience et ce maudit galopin sera endormi, tandis que, si j'excite ses esprits par ma résistance, Dieu sait combien de temps il me faudra l'entendre gémir ou brailler!

Il alla donc chercher un de ses dossiers dans la chambre de l'ourse, non sans maudire l'enfant, qui le suivait pieds nus et voulait à peine lui laisser le temps de trouver ses lunettes; puis il fut s'asseoir devant la cheminée de la chambre de garde, dont il referma les portes sur lui, vu qu'il n'y faisait pas très-chaud, et, après avoir demandé narquoisement à Nils s'il n'exigeait pas qu'on lui chantât une chanson pour le bercer, il s'ensevelit dans ses paperasses, oubliant le souper, qui n'arrivait pas, et l'enfant, qui ronflait de tout son cœur.

II

Que faisait Cristiano pendant toutes les péripéties de l'installation de M. Goefle? Le lecteur a bien deviné que le lutin railleur, errant autour du pauvre Ulph dans la cuisine et dans la cave, n'était autre que notre aventurier à la recherche de son souper. Les douleurs et les angoisses d'Ulphilas lui avaient permis de prendre, presque sous son nez, les mets les plus portatifs de la cuisine. Quant à la cave, il avait été moins heureux. En soufflant la lumière du poltron, il s'était trouvé dans une si complète obscurité, qu'il avait craint d'être enfermé à jeun dans ce souterrain, et qu'il avait rebroussé chemin au plus vite, se consolant par la pensée qu'il reprendrait les bouteilles montées par Ulph dans un moment plus favorable.

Durant le quart d'heure qu'il avait perdu à explorer avec précaution le passage secret du salon de l'ourse (passage dont nous parlerons plus tard, et d'où il ne sortit pas sans peine, pour s'introduire furtivement dans le logement de M. Stenson), notre aventurier n'avait pu signaler l'arrivée de M. Goefle. Il pensa donc que les apprêts du souper étaient en vue du vieux régisseur. Puis, avant de reprendre possession du local qu'il s'était choisi, il avait voulu se mettre en quête du souper de son âne, et il avait erré dans la petite cour attenante à l'enceinte du préau quelques moments après le dernier accès de terreur d'Ulphilas, et il n'avait pas pu jouir de la réjouissante apparition de M. Goefle en bonnet de nuit, conduisant triomphalement l'âne à l'écurie, avec son kobold en habit rouge. Comme il explorait tout et ouvrait toutes les portes qui n'étaient pas trop cadenassées, Cristiano découvrit enfin celle de l'écurie, et se réjouit de voir maître Jean soupant de bon appétit et foulant une épaisse litière de mousse sèche, en compagnie d'un joli cheval noir qui paraissait l'accueillir de bonne grâce.

— Vraiment, pensa Cristiano en caressant le noble animal, les bêtes sont parfois plus raisonnables et plus hospitalières que les hommes. Depuis deux jours que nous voyageons dans ce pays froid, Jean a été un sujet d'étonnement, de peur ou de répugnance dans plusieurs maisons et villages de paysans, et moi-même, malgré les mœurs affables du pays, me voilà tombé dans je ne sais quel repaire d'esprits chagrins ou préoccupés, où je suis forcé d'aller à la maraude comme un soldat en campagne, tandis que ce bon cheval, sans demander à Jean la raison de ses longues oreilles, lui fait place au râtelier, et le considère d'emblée comme un de ses semblables. Allons, Jean, bonne nuit, mon camarade! Si je te demandais qui t'a amené ici et servi à souhait, tu n'aurais peut-être pas la complaisance de me répondre, et, si je ne te voyais attaché par la corde, je penserais que tu as eu l'esprit d'y venir de toi-même. Quoi qu'il en soit, je vais faire comme toi et souper sans aucun souci du lendemain.

Cristiano referma l'écurie et rentra dans la salle de l'ourse, où l'attendait l'agréable surprise d'un couvert servi en belle vaisselle et en lourde argenterie, sur une nappe bien blanche, sauf quelques taches de confitures laissées par Nils autour de son assiette.

— Tiens! se dit gaiement l'aventurier, ils ont fini, ou bien ils ont commencé par le dessert! Mais qui diable s'est installé là en mon absence? Puffo n'eût pas été si délicat que de mettre un couvert; ce n'est guère son habitude en voyage. D'ailleurs, il est allé chercher fortune au château neuf; autrement, je l'eusse rencontré dans mon exploration du vieux château. Et puis je n'ai jamais compté sur ce camarade-là pour la moindre assistance. S'il a trouvé, dans une cuisine quelconque, un coin pour s'attabler, je suis bien sûr qu'il ne songe guère à moi, et j'ai fort bien fait de songer à moi-même. C'est égal, si, par hasard, il revenait dormir ici, il ne faut pas que le pauvre diable gèle à la porte de ce manoir.

Cristiano alla rouvrir la porte du préau, que Ulph n'avait pas manqué de refermer après l'arrivée de M. Goefle, et il revint avec la résolution bien arrêtée de se mettre à table n'importe avec qui, de gré ou de force.

— C'est mon droit, se disait-il encore ; la table est vide, et j'apporte de quoi la remplir agréablement. Si j'ai ici un compagnon, pour peu qu'il soit aimable, nous ferons bon ménage ensemble ; sinon, nous verrons qui des deux mettra l'autre dehors.

En devisant ainsi, Cristiano alla voir si on n'avait pas touché à son bagage. Il le trouva rangé dans le coin où il l'avait caché et où personne ne l'avait aperçu. Il examina alors la malle, la valise et les effets de M. Goefle, épars sur des chaises, le linge bien plié, tout prêt à être emporté dans quelque armoire, les habits étendus sur les dossiers des siéges pour se défriper ; enfin la valise vide, sur le couvercle de laquelle il lut ces mots : *M. Thormund Goefle, avocat à Gevala et docteur en droit de la Faculté de Lund.*

— Un avocat! pensa l'aventurier. Eh bien, ça parle, un avocat! ça doit toujours avoir un peu d'esprit ou de talent. Ce me sera une agréable compagnie, pour peu qu'il ait le bon sens de ne pas juger l'homme sur l'habit. Où peut-il s'être fourré, cet avocat? C'est quelque invité aux fêtes du château de Waldemora, qui, comme moi, aura trouvé la maison pleine, ou qui, par goût, aura choisi ce romantique manoir pour son gîte, ou bien plutôt c'est l'homme d'affaires du riche baron, car, en ce pays de castes et de vieilles haines, les bourgeois ne sont peut-être pas invités à se réjouir avec les nobles. Que m'importe! L'avocat est sorti, voilà ce qu'il y a de certain. Il aura été causer avec l'ancien régisseur, ou bien il est dans cette chambre à deux lits dont on m'a parlé, et dont je ne vois point la porte. La chercherai-je? Qui sait s'il n'est pas couché? Oui, voilà le plus probable. On aura voulu le servir, il aura refusé, se contentant de confitures et ne souhaitant que son lit. Qu'il dorme en paix, le digne homme! moi, je m'arrangerai très-bien de ce grand fauteuil, et, si j'ai froid... parbleu! voilà une magnifique pelisse fourrée et un bonnet de voyage en martre zibeline qui me garantiront le corps et les oreilles. Voyons si j'y serai à l'aise!... Eh! oui, fort bien! pensa Cristiano en endossant la pelisse et en coiffant le bonnet. Quand je songe que j'ai travaillé dix ans à des choses sérieuses pour ne pas avoir de quoi revêtir d'un bon manteau mon pauvre corps, aujourd'hui fourvoyé dans les régions hyperboréennes!

Cristiano avait étalé ses provisions sur la table, savoir : une langue de Hambourg fort appétissante, un jambon d'ours fumé à point et un superbe tronçon de saumon fumé et salé.

Pour manger plus à l'aise, il allait se débarrasser de la toilette de voyage du docteur, lorsqu'il lui sembla entendre un bruit de clochettes passer sous l'unique fenêtre de la salle de l'ourse. Cette grande fenêtre, située vis-à-vis du poêle, était cependant garnie d'un double châssis vitré, comme dans toutes les demeures confortables, anciennes ou modernes, des pays septentrionaux; mais le châssis extérieur attestait l'état d'abandon du Stollborg. Presque toutes les vitres étaient brisées, et, comme le vent avait cessé, on entendait distinctement les bruits extérieurs, les masses de neige nouvellement tombée se détachant des anciennes couches solidifiées et s'effondrant avec un son mat et mystérieux le long des rochers à pic, les lointaines clameurs de la ferme sur la rive du lac, et les gémissements plaintifs des chiens saluant de malédictions inconnues le disque rouge de la lune à l'horizon.

Cristiano eut la curiosité de voir le traîneau qui sillonnait, si près de son refuge, la glace du lac, et, ouvrant le premier châssis, il passa la tête par le châssis brisé pour regarder dehors. Il vit distinctement une fantastique apparition glisser au pied du rocher. Deux chevaux blancs magnifiques, conduits par un cocher barbu et habillé à la russe, emportaient légèrement un traîneau, qui semblait briller comme une pierre précieuse aux nuances fugitives. Le fanal, placé très-haut sur l'élégant véhicule, simulait une étoile emportée dans un tourbillon, ou plutôt un feu follet acharné à la poursuite du traîneau. Sa lumière, projetée en avant par le réflecteur d'or rouge, lançait des tons chauds sur la neige éclairée en bleu par la lune, et irisait la vapeur flottante autour des naseaux et des flancs de l'attelage. Il n'y avait rien de plus gracieux et de plus poétique que ce char sans roues qui semblait être celui de la fée du lac, et qui passa comme un rêve sous les yeux éblouis de Cristiano. Sans nul doute, en traversant Stockholm et les autres villes du pays, il avait déjà vu des traîneaux de toute sorte, depuis les plus luxueux jusqu'aux plus humbles ; mais aucun ne lui avait semblé aussi pittoresque et aussi étrange que celui qui s'arrêta au pied du rocher; car, il n'y avait plus à en douter, un nouvel hôte, opulent cette fois, venait prendre possession ou connaissance de la silencieuse retraite du Stollborg.

— Le traîneau m'a donné un joli spectacle, pensa Cristiano; mais que le diable emporte ceux qui sont dedans! Voilà, je parie, une anicroche grave au paisible souper que je me promettais!

Mais la malédiction expira sur les lèvres de Cristiano : une voix douce et vraiment mélodieuse, une voix de femme, qui ne pouvait appartenir, selon lui, qu'à une femme charmante, venait de sortir du traîneau. La voix disait, dans une langue que Cristiano n'entendait pas, et qui n'était autre que le dialecte de la localité :

— Crois-tu donc, Péterson, que tes chevaux pourront monter jusqu'à la porte du vieux château?

— Oui, mademoiselle, répondit le gros cocher emmitouflé de fourrures; la neige de ce soir les gênera bien un peu, mais d'autres y ont passé déjà : je vois des traces fraîches. N'ayez pas peur, nous monterons.

Les abords du Stollborg, que M. Goefle avait traités de *roidillon*, consistaient en un véritable escalier naturel, formé par les feuillets schisteux et inégaux du rocher. En été, il y eût eu de quoi estropier chevaux et voitures ; mais, dans les pays du Nord, l'hiver rend tout passage praticable et tout voyageur intrépide. Une épaisse couche de neige glacée, solide et unie comme le marbre, comble les trous et nivelle les aspérités. Les chevaux, ferrés en conséquence, escaladent les hauteurs et descendent avec aplomb les pentes ardues; le traîneau verse peu et presque toujours sans danger. En quelques minutes, celui-ci était à la porte du petit manoir.

— Il faudrait sonner avec précaution, dit la voix douce au cocher. Tu sais, Péters, je ne voudrais pas être vue par le vieux régisseur, qui peut-être redit tout à son maître.

— Oh ! il est si sourd ! répondit le cocher en mettant pied à terre. Ulph ne dira rien, c'est mon ami. Pourvu toutefois qu'il veuille ouvrir ! Il a un peu peur la nuit ; c'est tout simple, le château...

Péterson allait probablement parler des apparitions du Stollborg, mais il n'en eut pas le temps. La porte s'ouvrit comme d'elle-même, et Cristiano, tout aussi bien emmitouflé que le cocher, grâce à la pelisse et au bonnet fourré de l'avocat, se présenta sur le seuil.

— C'est bien, le voici, dit la voix douce. Range-toi par là, Péterson, et, je t'en prie, ôte les clochettes de tes chevaux ! Je te l'avais tant recommandé! Prends patience, mon pauvre garçon; je ne te ferai guère attendre.

— Prenez votre temps, mademoiselle, répondit le dévoué serviteur en essuyant les glaçons de sa barbe; il fait très-doux ce soir!

Cristiano ne comprit pas un mot de ce dialogue, mais il n'en écouta pas moins avec ravissement la voix douce, et il présenta son bras à une petite personne tellement enveloppée dans l'hermine, qu'elle ressemblait à un flocon de neige plus qu'à une créature humaine. Elle lui adressa bien la parole, toujours en dalécarlien, et sans qu'il pût deviner quels ordres elle lui donnait; mais c'étaient des ordres, il n'y avait pas à en douter à l'intonation, quelque douce qu'elle fût. On le prenait donc pour le gardien du vieux manoir, et, comme en aucun pays le ton du commandement n'exige d'autre réponse que la pantomime de la soumission, Cristiano se trouva dispensé de comprendre et de répondre, durant le court trajet qu'il eut à franchir avec la petite dame, sous la galerie qui conduisait de la porte de la cour à celle du donjon.

En la menant vers la salle de l'ourse, Cristiano obéissait à un instinct d'hospitalité, sans savoir si elle accepterait sa bonne intention. Il avait de même obéi à un instinct de curiosité en allant à sa rencontre, et, dans cet instinct-là, il y avait aussi celui de la galanterie, encore tout-puissant à cette époque sur les hommes jeunes ou vieux, dans quelque monde qu'ils fussent classés.

Cependant la jeune dame, qui avait suivi son guide, fit un mouvement de surprise en se trouvant dans la fameuse chambre.

— Est-ce donc là la salle de l'ourse? dit-elle avec un peu d'inquiétude. Je n'y étais jamais entrée.

Et, comme Cristiano, faute de comprendre, ne lui répondait pas du tout, elle le regarda à la lueur de l'unique bougie placée sur la table, et s'écria en suédois :

— Ah! mon Dieu! ce n'est pas Ulphilas! A qui donc ai-je l'honneur de parler? Est-ce à M. Goefle en personne?

Cristiano, qui comprenait et parlait très-bien le suédois, se rappela rapidement le nom écrit sur la valise de l'avocat, et, tout aussi rapidement, il s'aperçut qu'enveloppé de la défroque dudit avocat, il pouvait bien se divertir, fût-ce pour un instant, à jouer son rôle. Étranger, isolé, perdu dans un pays dont, par des circonstances toutes particulières que nous saurons plus tard, il parlait la langue, mais où il ne tenait à personne et n'était pas forcé de prendre la vie au sérieux, il trouvait naturel de s'amuser quand l'occasion s'en présentait. Il répondit hardiment et à tout hasard :

— Oui, madame, c'est moi qui suis maître Goefle, docteur en droit de la Faculté de Lund, exerçant la profession d'avocat à Gevala.

En parlant ainsi, il trouva sous sa main un étui à lunettes qu'il ouvrit à la hâte. C'étaient les lunettes vertes que mettait l'avocat en voyage pour préserver ses yeux de la fatigante blancheur des neiges. Charmé de cette découverte, que la providence des fous semblait jeter sur son nez, il se sentit parfaitement déguisé.

— Ah! monsieur le docteur, lui dit l'inconnue, je vous demande mille pardons, je ne vous voyais pas; je n'ai, d'ailleurs, jamais eu le plaisir de vous voir, et je vous prenais pour le gardien du Stollborg; précisément je lui ordonnais, en lui promettant une gratification qui a dû vous faire rire, de vous demander pour moi un moment d'entretien.

Cristiano s'inclina respectueusement.

— Alors, reprit l'inconnue, vous m'autorisez à vous entretenir d'une affaire... un peu embarrassante... un peu délicate?

Ces deux mots sonnèrent à l'oreille de l'aventurier d'une façon si réjouissante, qu'il oublia le moment de vive contrariété causée à son appétit par cette visite inattendue, pour ne plus songer qu'au désir de voir la figure de la visiteuse, enfoncée sous son capuchon d'hermine.

— Je vous écoute, répondit-il en prenant un ton grave : un avocat est un confesseur... Mais ne craignez-vous pas, si vous gardez votre pelisse, de vous enrhumer en sortant?

— Non, dit l'inconnue en acceptant le fauteuil que lui offrait son hôte; je suis une vraie montagnarde, moi, je ne m'enrhume jamais.

Puis elle ajouta naïvement :

— D'ailleurs, vous ne me trouveriez peut-être pas mise convenablement pour la conférence que je viens solliciter d'une personne grave et respectable comme vous, monsieur Goefle; je suis en toilette de bal.

— Mon Dieu! s'écria Cristiano étourdiment, je ne suis pas un vieux luthérien farouche! une toilette de bal ne me scandalise pas, surtout quand elle est portée par une jolie personne.

— Vous êtes galant, monsieur Goefle ; mais je ne sais pas si je suis jolie et bien mise. Ce que je sais, c'est que je ne dois pas vous cacher mes traits, car toute défiance de ma part serait une injure à votre loyauté, que je viens invoquer tout en vous demandant conseil et protection.

L'inconnue détacha son capuchon, et Cristiano vit

la plus charmante tête qu'il eût pu s'imaginer : un vrai type suève, des yeux d'un vrai bleu saphir, de fins et abondants cheveux d'un blond doré, une finesse et une fraîcheur de carnation dont rien n'approche dans les autres races, et, à travers la pelisse entr'ouverte, un cou élancé, des épaules de neige et une taille fluette. Tout cela était chaste comme l'enfance, car la mignonne visiteuse avait tout au plus seize ans et n'avait pas fini de grandir.

Cristiano ne se piquait pas de mœurs austères ; il était l'homme de son temps, mais non celui du milieu hasardé où il se trouvait jeté par les circonstances. Il avait de l'intelligence, par conséquent de la délicatesse dans l'esprit. Son regard s'arrêta tranquille et bienveillant sur cette rose du Nord, et, s'il avait eu quelque pensée perfide en l'attirant dans la tanière de l'ourse, cette pensée fit vite place à celle d'une aventure enjouée ou romanesque, mais honnête, à coup sûr, comme l'aimable et candide visage de sa jeune hôtesse.

— Monsieur Goefle, reprit celle-ci, encouragée par l'attitude respectueuse du prétendu avocat, à présent que vous connaissez ma figure, qui, je l'espère, n'est pas celle d'une méchante personne, je dois vous dire mon nom. C'est un nom qui vous est bien connu... Mais je suis intimidée de vous voir rester debout, quand, moi, je suis assise sur l'unique fauteuil de cette chambre. Je sais le respect que je dois à un homme de votre mérite... j'allais dire de votre âge, car je m'étais, je ne sais pourquoi, habituée à l'idée de vous voir très-vieux, tandis que vous me paraissez beaucoup plus jeune que le baron.

— Vous me faites trop d'honneur, répondit Cristiano en enfonçant sur ses yeux et le long de ses joues le bonnet fourré à oreillettes rabattues ; je suis vieux, très-vieux ! Il n'y a que le bout de mon nez qui puisse paraître jeune, et je suis forcé de vous demander pardon de ne pas me découvrir en votre présence ; mais votre visite m'a surpris... J'avais ôté ma perruque, et me voilà forcé de vous cacher comme je peux mon crâne chauve.

— Ne faites donc aucune cérémonie, monsieur Goefle, et daignez vous asseoir.

— Si vous le permettez, je resterai debout près du poêle à cause de ma goutte qui me tiraille, répondit Cristiano, qui se trouvait placé ainsi la tête dans l'ombre, tandis que la maigre clarté de la bougie se portait tout entière sur son interlocutrice. Veuillez me dire à qui j'ai l'honneur...

— Oui, oui, répondit-elle vivement. Oh ! sans m'avoir jamais vue, vous me connaissez bien ! C'est moi qui suis Marguerite.

— Ah! vraiment? s'écria Cristiano du ton dont il eût dit : « Je n'en suis pas plus avancé. »

Heureusement, la jeune fille était pressée de s'expliquer.

— Oui, oui, reprit-elle, Marguerite Elvéda, la nièce de votre cliente.

— Ah! ah! ma cliente...

— La comtesse Elvéda, sœur de mon père le colonel, qui était l'ami du malheureux baron?

— Le malheureux baron...

— Eh! mon Dieu, le baron Adelstan, dont je ne prononce pas sans émotion le nom dans cette chambre, et qui a été assassiné par des mineurs de Falun... ou par d'autres! car, enfin, monsieur, qui sait? êtes-vous bien certain que ce fussent des ouvriers de la mine?

— Oh! pour cela, mademoiselle, si quelqu'un peut jurer sur l'honneur qu'il n'en sait rien du tout, c'est votre serviteur, répondit Cristiano d'un ton pénétré, qui, interprété autrement par la jeune fille, parut la frapper vivement.

— Ah! monsieur Goefle, dit-elle avec vivacité, je le savais bien, que vous partagiez mes soupçons! Non, rien ne m'ôtera de l'idée que toutes ces morts tragiques dont on a parlé, et dont on parle encore tout bas... Mais sommes-nous bien seuls? Personne ne peut-il nous entendre? Tout cela est si grave, monsieur Goefle!

— En effet, la chose paraît grave, pensa Cristiano en allant voir si la porte d'entrée était fermée, et en affectant la démarche d'un vieillard ; seulement, je n'y comprends goutte.

— Il fit de l'œil le tour de la salle; et n'aperçut pas plus qu'il ne l'avait encore fait la porte de la chambre de garde, qui était fermée entre M. Goefle et nos deux personnages.

— Eh bien, monsieur, reprit la jeune personne, comprenez-vous que ma tante veuille me faire épouser un homme que je ne puis m'empêcher de regarder comme l'assassin de ma famille?

Cristiano, n'ayant pas la moindre notion des faits en question, prit le parti de pousser aux éclaircissements en abondant dans le sens de sa nouvelle cliente.

— Il faut, dit-il un peu cavalièrement, que votre tante soit folle... ou quelque chose de pis!

— Ah! pardon, monsieur Goefle, ma tante est une personne que je dois respecter, et je ne l'accuse que d'aveuglement ou de prévention.

— Aveuglement et prévention, peu m'importe à moi! Ce que je vois clairement, c'est qu'elle veut forcer votre inclination.

— Oh! cela, assurément, car j'ai horreur du baron! Elle ne vous l'avait donc pas dit?

— Tout au contraire! Je croyais...

— Oh! monsieur Goefle, pouviez-vous croire qu'à mon âge j'eusse le moindre goût pour un homme de cinquante-cinq ans?

— Ah! oui-da! il a cinquante-cinq ans par-dessus le marché, le personnage à qui l'on vous destine?

— Vous faites semblant d'en douter, monsieur Goefle! Vous savez pourtant bien son âge, vous qui êtes son conseil, et l'on dit même son ami dévoué... mais je n'en crois rien.

— Oh! parbleu! vous avez bien raison. Je veux être pendu si je me soucie de lui! Mais comment l'appelez-vous, ce monsieur-là?

— Le baron? Vous ne savez donc pas de qui je vous parle?

— Non, sans doute; il y a tant de barons dans ce monde.

— Mais ma tante vous a bien dit...

— Votre tante, votre tante!... Est-ce que je sais ce qu'elle dit, votre tante? Elle ne le sait peut-être pas elle-même!

— Hélas! pardonnez-moi: elle ne le sait que trop! c'est une volonté de fer. Il est impossible qu'elle ne vous ait pas fait part de ses projets sur moi, puisqu'elle prétend que vous les approuvez !

— Moi, approuver qu'une charmante enfant comme vous soit sacrifiée à un barbon ?

— Ah ! vous voyez bien que vous savez l'âge du baron !

— Mais de quel baron encore une fois ?

— De quel baron ? Faut-il vous nommer l'homme de neige ?

— Ah ! oui-da ! il s'agit de l'homme de neige ? Eh bien, j'avoue que je n'en suis pas plus avancé.

— Comment, monsieur Goefle, vous ignorez le surnom du plus puissant, du plus riche, en même temps du plus méchant, du plus haïssable de vos clients, le baron Olaüs de Waldemora !

— Quoi ! le propriétaire de ce château ?

— Et du château neuf, sur l'autre rive du lac, et de je ne sais combien de mines de fer, de plomb ou d'alun, et de plusieurs vallées, forêts et montagnes, sans compter les champs, les bestiaux, les fermes et les lacs ; le seigneur enfin d'un bon dixième de la province de Dalécarlie ! Voilà les raisons que ma tante me donne du matin au soir pour me faire oublier qu'il est vieux, triste, malade, et peut-être chargé de crimes !

— Tudieu! s'écria Cristiano tout étonné, voilà un aimable personnage chez qui je me trouve!

— Vous vous moquez de moi, monsieur Goefle! vous ne croyez pas au crime!..., C'était donc pour me railler que vous disiez tout à l'heure?...

— Ce que je disais tout à l'heure, je suis prêt à le redire; seulement, je voudrais savoir de quel crime vous accusez mon hôte.

— Je ne l'accuse pas; c'est la rumeur publique qui m'a habituée à voir en lui l'assassin de son père, de son frère, et même celui de sa belle-sœur, la malheureuse Hilda!

— Comment! rien que ça?

— Mais vous savez bien qu'on le dit, monsieur Goefle; n'avez-vous pas été chargé dans le temps...? Non, je me trompe, c'est votre père qui a dû être l'avocat du baron Olaüs dans ce temps-là. Le baron a produit je ne sais quels actes... On n'a rien pu prouver contre lui; mais jamais on n'a su la vérité et jamais on ne la saura, à moins que les morts ne sortent du tombeau pour la dire.

— Cela s'est vu quelquefois, répondit Cristiano en souriant.

— Vraiment, vous croyez...?

— C'est une manière de dire qui appartient au vocabulaire de ma profession; vous savez, quand une preuve inattendue, une lettre perdue, une parole oubliée...

— Oui, je sais; mais on n'a rien retrouvé, et, depuis quinze ou vingt ans, le silence et l'oubli se sont faits. Le baron Olaüs, soupçonné et haï d'abord, est venu à bout de se faire craindre, et tout est dit. A présent, il pousse la confiance et la présomption jusqu'à vouloir se remarier. Ah! que Dieu me préserve d'être l'objet de ses poursuites! Il a, dit-on, beaucoup aimé sa femme; mais, quant à la baronne Hilda, on croit généralement...

— Que croit-on?

— Je vois que ces histoires de paysans n'ont pas été jusqu'à vous, monsieur Goefle, ou bien vous en riez, puisque vous voilà installé tranquillement dans cette chambre.

— En effet, il y a quelque histoire là-dessous, répondit Cristiano frappé d'un souvenir récent. Les gens de la ferme me disaient ce soir : « Allez-y et racontez-nous demain comment la nuit se sera passée! » Il y a donc un lutin, un revenant...

— Il faut croire que, fantôme ou réalité, il y a quelque chose d'étrange; car maître Stenson lui-même y croit, et le baron peut-être aussi; car, depuis la mort de sa belle-sœur, il n'y a, dit-on, jamais remis les pieds, et même il a fait murer une certaine porte...

— Par ici, dit Cristiano en montrant le haut de l'escalier.

— C'est possible, je ne sais pas, répondit Marguerite. Tout cela est très-mystérieux, et je vous croyais au courant de choses que j'ignore. Je ne crois pas aux revenants!... Pourtant je ne voudrais pas en voir, et rien au monde ne me déciderait à faire ce que vous faites en voulant dormir ici. Quant au baron, que l'histoire du diamant soit vraie ou fausse...

— Ah! ah! encore une histoire?

— Celle-là est la moins vraisemblable de toutes, j'en conviens, et je ne peux pas m'empêcher de rire en vous la répétant. On raconte dans les chaumières des environs que, par amour pour sa femme, qui était aussi méchante que lui, il a confié son corps à un alchimiste, qui l'a fait réduire dans un alambic, et qu'il en est résulté un gros diamant noir. Ce qu'il y a de certain, c'est qu'il porte au doigt une bague étrange que je ne peux pas regarder sans terreur et sans dégoût.

— Ce qui est bien la preuve! dit Cristiano en riant; mais jugez donc si un pareil sort vous était réservé! Je sais bien qu'il ne pourrait sortir de l'alambic où vous cuiriez qu'un joli diamant rose de la plus belle eau; mais ce n'en serait pas plus gai pour vous, et je vous conseille de ne pas vous exposer à la cristallisation.

Marguerite éclata de rire; les échos de l'antique salle répétèrent ce rire frais et enfantin d'un façon si mystérieuse, qu'elle eut peur tout à coup, et, redevenant triste, elle dit d'un ton découragé :

— Allons, c'en est fait, je le vois, monsieur Goefle, vous êtes un homme aimable et spirituel, on me l'avait bien dit; mais, en espérant que vous penseriez comme moi, et que vous seriez mon appui et mon sauveur, je m'étais bien trompée. Vous pensez comme ma tante, vous traitez de rêverie tout ce que je viens de vous dire, et vous repoussez la plainte de mon cœur! Que Dieu me prenne en pitié, je n'ai plus d'espoir qu'en lui !

— Ah çà, voyons ! répliqua Cristiano, ému de voir de grosses larmes couler sur ces joues si fraîches et tout à l'heure si riantes, vous ne comptez donc pas sur vous-même? Que venez-vous me raconter là? Vous m'annonciez une confession délicate, et tout se borne à m'apprendre qu'on vous présente un parti qui ne vous convient pas et un futur qui vous est antipathique. Je m'imaginais recevoir la confidence d'un amour... ne rougissez pas pour cela! Un amour peut être pur et légitime, quand même il n'est pas autorisé par l'ambition des grands parents. Un père, une mère peuvent se tromper, mais il est pénible de combattre leur influence. Vous, vous êtes orpheline !... Oui, puisque vous dépendez d'une vieille tante... Je l'appelle vieille, et vous secouez la tête ! Mettons qu'elle soit jeune... Elle en a sans doute la prétention ! Moi, je ne m'y connais plus apparemment ! Je la croyais vieille. Si elle ne l'est pas, raison de plus pour l'envoyer... je ne veux pas dire promener, mais faire de meilleures réflexions, tandis que vous demanderez conseil à quelque vieil ami, à M. Goefle... c'est-à-dire à moi, enfin à quelqu'un qui puisse vous faire épouser l'heureux mortel que vous préférez.

— Mais je vous jure, mon cher monsieur Goefle, répondit Marguerite, que je n'aime personne. O Dieu ! il ne manquerait plus que cela pour être à plaindre ! C'est bien assez de haïr quelqu'un et d'être obligée de souffrir ses assiduités.

— Vous n'êtes pas sincère, ma chère enfant, reprit Cristiano, qui arrivait à jouer avec conviction et une sorte de vraisemblance le personnage de M. Goefle: vous craignez que je ne redise vos confidences à la comtesse, ma cliente !

— Non, cher monsieur Goefle, non ! Je sais que vous êtes plus qu'un homme d'honneur, vous êtes un homme de bien. Tout le monde vous considère, et le baron lui-même, qui pense mal de tout le monde, n'ose parler mal de vous. J'ai tant d'estime et de confiance en vous, que je guettais votre arrivée ici, et il faut que je vous dise comment l'idée de vous voir m'est venue : ce sera vous dire en deux mots mon histoire, que ma tante ne vous a peut-être pas racontée bien exactement.

» J'ai été élevée au château de Dalby (dans le Wœrmland, à une vingtaine de lieues d'ici), sous les yeux de ma tutrice, la comtesse Elfride d'Elvéda, sœur de mon père. Quand je dis sous ses yeux... Ma tante aime le monde et la politique. Elle suit la cour à Stockholm, et les affaires de la diète l'intéressent plus que moi, qui, depuis ma naissance, vis dans un assez triste manoir avec une gouvernante française, mademoiselle Potin. Celle-ci heureusement est très-douce et m'aime beaucoup. Ma tante vient, deux fois par an, voir si j'ai grandi, si je parle bien français et russe, si je ne manque de rien, et si le rigide pasteur de notre église veille bien à ce que nous ne recevions jamais d'autre visite que la sienne et celle de sa famille.

— Et ce n'est pas gai ?

— Non ; mais j'aurais tort de me trouver malheureuse. Je travaille beaucoup avec ma gouvernante, je suis assez riche et ma tante est assez généreuse pour que je ne souffre d'aucune privation ; puis mademoiselle Potin est aimable, et, quand nous nous ennuyons, nous lisons des romans... oh ! des romans très-honnêtes et très-beaux, qui nous font oublier notre solitude et nous montrent toujours le crime puni et la vertu récompensée !

— Comptez là-dessus !... C'est égal, il n'y a pas de mal à le croire et à se conduire en conséquence... Mais, dans cette solitude et à travers ces pages de roman, aucun joli garçon ne s'est glissé dans la maison ou dans la cervelle, en dépit du pasteur et de la tante ?

— Non, jamais, je vous le jure, monsieur Goefle, répondit Marguerite avec candeur. Cependant je peux bien vous dire que mon esprit s'était formé une certaine image du mari que ma tante m'a tout à coup annoncé il y a huit jours, et que, quand elle m'a montré M. le baron Olaüs de Waldemora en me disant : « C'est lui, soyez aimable ! » je l'ai trouvé si différent de mon rêve, que je n'ai pas été aimable du tout.

— Je le conçois. Alors votre tante ?...

— S'est moquée de moi. « Vous êtes une sotte, m'a-t-elle dit. Une fille bien née ne doit jamais se mettre l'idée de l'amour en tête. On ne se marie pas pour aimer, mais pour être une grande dame. J'entends que vous soyez baronne de Waldemora, ou bien je vous jure que vous resterez prisonnière toute votre vie dans ce château, sans voir âme qui vive. Je ferai plus, je chasserai mademoiselle Potin, qui a la mine de vous donner de mauvais conseils. Décidez-vous; je vous donne un mois. Le baron nous invite à aller passer les fêtes de Noël* dans sa riche résidence en Dalécarlie. On s'y amusera beaucoup. Ce ne seront que chasses, bals et spectacles. Vous prendrez là une idée de sa richesse, de son crédit, de son autorité, et vous reconnaîtrez que vous ne pouvez jamais espérer un mariage plus brillant et plus honorable. »

— Alors... vous avez dit oui ?

— J'ai dit : « Oui, allons en Dalécarlie, puisque vous me donnez un mois de réflexion. » Je n'étais pas fâchée de voir un pays nouveau, des fêtes, des figures humaines enfin. Seulement, depuis huit jours que nous sommes dans ce pays, je vous jure, monsieur Goefle, que je trouve le baron encore plus désagréable qu'il ne m'avait semblé le premier jour.

— Mais vous allez rencontrer chez le baron,... si ce n'est déjà fait, quelque personnage moins fâcheux,

---

* Les fêtes de Noël, en Suède et en Norvège, durent du 24 décembre au 6 janvier.

à qui vous ouvrirez votre cœur, comme vous le faites en cet instant, et qui vous donnera l'espoir du bonheur et le courage de la résistance, bien mieux que ne sauraient le faire les conseils d'un vieil avocat!

— Non, monsieur Goefle, je n'ouvrirai mon cœur à personne que vous, et je ne prendrai certainement aucune confiance dans les personnes que je pourrai rencontrer au château de Waldemora. Je vois très-bien que le baron les a habilement choisies parmi des obligés ou des ambitieux qui le craignent ou le flattent, et tous ces gens-là, sauf quelques personnes excellentes qui ne me font pas la cour, se courbent devant moi comme si j'étais déjà la femme de leur patron! Je ne sens que du mépris et de l'éloignement pour ces courtisans de province, tandis que j'ai foi en vous, monsieur Goefle! Vous êtes l'homme d'affaires du baron, mais vous n'êtes pas son homme lige. Votre fierté et l'indépendance de votre caractère sont bien connues. Vous voyez! ma tante n'avait pas réussi à me tromper. Elle me disait que vous approuviez toutes ses idées, et je pouvais m'attendre à trouver en vous un persécuteur plein d'ironie et de mépris pour mes rêves romanesques; mais le frère de mademoiselle Potin, qui est gouverneur dans une famille de votre province, vous connaissait particulièrement. Vous savez bien, M. Jacques Potin, à qui vous avez rendu des services...

— Oui, oui, un charmant garçon !
— Charmant, non ! Il est bossu !
— Charmant au moral ! La bosse n'y fait rien.
— C'est vrai, c'est un homme distingué, qui nous a dit de vous tant de bien, que j'ai résolu de vous voir en cachette de ma tante. Mademoiselle Potin, qui s'enquiert adroitement de toutes choses, a su le jour et l'heure auxquels vous étiez attendu au château neuf. Elle a guetté votre arrivée, elle a su que, trouvant trop de monde au château neuf, vous alliez prendre gîte au Stollborg. Elle m'a avertie du regard comme j'achevais ma toilette de bal sous les yeux de ma tante. Alors ma tante, ayant à s'habiller elle-même, ce qui prend toujours deux heures au moins, est passée dans son appartement. Mademoiselle Potin est restée dans le mien, afin d'inventer des prétextes pour me dispenser de paraître devant la comtesse au cas où celle-ci me demanderait. Je me suis glissée par un escalier dérobé jusqu'au bord du lac, où Potin avait dit à mon fidèle Péterson de m'attendre avec le traîneau, et me voilà ! Mais, écoutez ! il me semble que les fanfares du château neuf annoncent l'ouverture du bal. Il faut que je me sauve bien vite ! Et puis ce pauvre cocher qui se gèle à m'attendre ! Adieu, mon-

sieur Goefle; voulez-vous me permettre de revenir demain, dans la journée, pendant que ma tante dormira? car elle danse et se fatigue beaucoup au bal, et je pourrai fort bien venir en me promenant avec ma gouvernante.

— D'ailleurs, si la tante se fâchait, répondit Cristiano avec un accent un peu plus jeune qu'il n'eût fallu, vous pourrez fort bien lui dire que je vous prêche dans son sens.

— Non, dit Marguerite avertie par une méfiance instinctive plutôt que raisonnée, je ne voudrais pas me moquer d'elle, et peut-être ferai-je aussi bien de ne pas revenir. Si vous me promettez tout de suite de la faire renoncer à cet odieux mariage, il n'est pas nécessaire que je vous importune de mes inquiétudes.

— Je vous jure de m'intéresser à vous comme à ma propre fille, reprit Cristiano en s'observant davantage; mais il est nécessaire que vous me teniez au courant de l'effet de mes soins.

— Alors je reviendrai. Comme vous êtes bon, monsieur Goefle, et quelle reconnaissance je vous dois! Oh! j'avais bien raison de me dire que vous seriez mon bon ange.

En parlant ainsi avec effusion, Marguerite s'était levée, et tendait ses petites mains au prétendu vieillard, qui les baisa le plus respectueusement qu'il put, et qui contempla un instant la ravissante petite comtesse dans sa robe de satin rose pâle, garnie de grèbe. Il l'aida paternellement à agrafer sa pelisse d'hermine, à remettre le capuchon sans écraser les rubans et les fleurs de sa coiffure ; puis il lui offrit le bras jusqu'à son traîneau, où elle disparut dans les coussins d'édredon comme un cygne dans son nid.

Le traîneau s'envola, sillonnant la glace d'une traînée lumineuse, et il avait disparu derrière les rochers du rivage avant que Cristiano, debout sur ceux du Stollborg, eût songé au froid qui le coupait en deux, et à la faim qui le coupait en quatre.

C'est que, sans parler d'une émotion assez vive dont il ne cherchait pas à se rendre compte, le jeune aventurier était retenu par un spectacle admirable. La bourrasque, complétement apaisée, avait fait place à cette bise du Nord qui, au contraire de celle de nos climats, souffle de l'ouest, et balaye le ciel en peu d'instants. Les étoiles brillaient comme jamais, dans les contrées méridionales, Cristiano ne les avait vues briller. C'étaient littéralement des soleils, et la lune elle-même, à mesure que son croissant montait dans l'atmosphère épurée, prenait l'éclat stellaire que ne se permettent point chez nous les simples planètes. La nuit, déjà si claire, s'éclairait encore du reflet des neiges et des glaces, et les masses du paysage se découpaient dans cet air transparent comme dans un crépuscule argenté.

Ces masses étaient grandioses. Des montagnes granitiques à formes anguleuses, mais couvertes de neiges éternelles, enfermaient un horizon étroit, ouvert seulement en vallée vers le sud-ouest. Les plans et les détails se perdaient un peu dans la nuit ; mais la forme générale du tableau était accusée par la vaste échancrure du ciel bleu que la rupture de la chaîne granitique laissait à découvert. Cristiano, qui était arrivé au Stollborg pour ainsi dire à tâtons, à travers les tourbillons de neige, sut s'orienter assez bien pour comprendre qu'il y était venu par ce fond doucement ondulé, et il se rendit à peu près compte de la situation des gorges de Falun, station où il avait déjeuné le matin, tandis que M. Goefle, rapidement conduit par un vigoureux cheval, s'y était arrêté plus tard et plus longtemps.

La vallée, ou plutôt la chaîne d'étroits vallons qui conduisait de Falun au château de Waldemora, venait donc aboutir à une impasse apparente, amphithéâtre irrégulier de hautes cimes, formé par un des contre-forts de la chaîne du Sevenberg (autrement monts Sèves ou Sevons), qui sépare cette partie de la Suède centrale de la partie méridionale de la Norvége. Deux torrents impétueux descendent des hauteurs du Sevenberg, du nord-ouest au sud-est, longeant la chaîne à droite et à gauche, et se précipitant, à mesure qu'elle s'abaisse, l'un vers la Baltique, l'autre vers le lac Wener et le Kattégat. Ces deux torrents, qui peu à peu deviennent des fleuves, sont la Dala et la Klara ; nous disons le Dal et le Klar.

Le Stollborg se trouvait planté sur un tertre rocailleux, au fond d'un des petits lacs formés par le Klar, ou par un de ses impétueux affluents. Le lecteur ne tient pas à une géographie trop minutieuse ; mais nous pouvons lui décrire la localité sans trop d'erreur dans ses caractères principaux : un paysage tourmenté qui, dans la nuit transparente, brillait comme un assemblage de forteresses de cristal jetées sur des points inégaux de la façon la plus capricieuse et la plus hardie; des granits glacés enfermant les trois quarts de l'horizon, des micaschistes glacés se déchirant en formes moins grandioses et plus bizarres sur les plans moins élevés ; enfin mille cascatelles glacées suspendues en aiguilles de diamant le long des roches, et se donnant rendez-vous vers un torrent plus large, enchaîné aussi sous la glace, et comme soudé au lac, dont les bords ne se distinguaient que grâce à des talus et à des aiguilles de pierre brute sur le flanc noir desquels l'hiver n'avait pu mettre sa teinte blanche et uniforme.

— On me l'avait bien dit, pensa Cristiano, que les dures nuits du Nord avaient, pour les yeux et pour l'imagination, des splendeurs inouïes. Si je m'en retournais à Naples dire que les nuits de Naples ne parlent qu'aux sens, et que qui n'a pas vu l'hiver sur son trône de frimas ne se fait pas la moindre idée des merveilles de l'œuvre divine, je pourrais bien être honni ou lapidé. Qu'importe? Vraiment tout est beau sous le ciel, et, pour quiconque sent cette beauté, peut-être que la dernière impression semble toujours la plus complète et la plus digne d'enthousiasme. Oui, il faut que ceci soit sublime, puisque me voilà oubliant le froid, que je croyais ne pouvoir jamais supporter, et même trouvant une sorte de plaisir à respirer cet air qui vous entre dans la poitrine comme une lame de poignard. Certes, j'irai jusqu'en Laponie, dût Puffo m'abandonner et le pauvre Jean crever sur la neige. Je veux aller voir la nuit de vingt-quatre heures et la petite lueur de midi au mois de janvier. Je n'aurai pas de succès dans ce pays-là; mais la petite somme que je gagnerai ici me permettra de voyager en grand seigneur, c'est-à-dire seul et à pied, sans rien faire que voir et sentir la fine fleur de la vie, le *nouveau*, c'est-à-dire le jour qui sépare le désir de la lassitude, et le rêve du souvenir.

Et le jeune homme à l'imagination avide cherchait déjà de l'œil, dans le fond du cirque des hautes montagnes, l'invisible route qu'il aurait à suivre pour monter vers le nord, ou pour passer en Norvége. Déjà il s'y voyait en rêve, suspendu au bord des abîmes et chantant quelque folle tarentelle, à la grande stupéfaction des antiques échos scandinaves, lorsque les sons d'un orchestre éloigné apportèrent à son oreille les refrains classiques d'une vieille chanson française, probablement très-moderne chez les Dalécarliens. C'était la musique du bal donné dans le château neuf, par le baron Olaüs de Waldemora, à ses voisins de campagne, en l'honneur de la charmante Marguerite d'Elvéda.

Cristiano rentra en lui-même. Tout à l'heure il avait des ailes pour s'envoler au cap Nord ; maintenant, toute sa pensée, toute son aspiration, toute sa curiosité se reportaient sur ce château illuminé qui rayonnait au bord du lac, et semblait exhaler dans l'atmosphère des bouffées de chaleur artificielle.

— Ce qu'il y a de certain, se dit-il, c'est que, pour cinq cents écus (et Dieu sait pourtant si j'aurais besoin de cinq cents écus !), je ne quitterais pas cet étrange pays ce soir, dussé-je être transporté par les walkyries au palais de saphirs du grand Odin. Demain, je reverrai cette fée blonde, cette descendante d'Harald aux beaux cheveux ! — Demain?... Mais non, je ne la reverrai pas demain ! Ni demain, ni jamais ! Dès demain, le fortuné mortel qui porte légitimement le doux nom de Goefle ira au château neuf réclamer la confiance de sa cliente, la tante Elvéda, et travailler peut-être, en véritable homme d'affaires sans entrailles, au mariage du farouche Olaüs avec la douce Marguerite ! Demain, la douce Marguerite saura qu'elle a été trompée, et par qui ? Que de colère, que de mépris seront la récompense de ma bonne tenue et de mes sages conseils !... Mais tout cela n'empêche pas que je n'aie faim et que je ne commence à sentir la petite fraîcheur de cette nuit de décembre entre les 61° et 62° degrés de latitude. Ça me fait penser au temps où je me plaignais de l'hiver de Rome !

Cristiano reprenait le chemin de la salle de l'ourse, lorsqu'il crut devoir donner un charitable coup d'œil à son âne. C'est alors qu'il remarqua plus particulièrement le traîneau de M. Goefle remisé sous le hangar. Comment de la vue de ce traîneau à une résolution folle l'esprit de l'aventurier passa soudainement, c'est ce que nous ne saurions bien expliquer. Ce que nous savons, c'est qu'au lieu d'aller se mettre à souper tranquillement les reins au poêle, il se mit à contempler l'habit noir complet étalé par le docteur en droit sur le dossier d'une chaise, dans la salle de l'ourse.

Cristiano aurait cru que le grave personnage imité par lui au hasard devait porter un costume suranné et tant soit peu crasseux. Loin de là : M. Goefle, qui avait été assez joli garçon, s'habillait fort bien, était soigneux de sa personne, et tenait à honneur de montrer son jarret ferme, ainsi que sa taille, encore droite et bien prise, dans un costume sévère, mais de bon goût. Cristiano endossa l'habit, qui lui allait comme un gant; il découvrit la boîte à poudre et la houppe, et jeta un léger *nuage* sur sa riche chevelure noire. Les bas de soie étaient un peu étroits du mollet, et les souliers à boucles un peu larges; mais quoi! en Dalécarlie y regardait-on de si près? Bref, en dix minutes, Cristiano se trouva habillé en honnête fils de famille, professeur ès n'importe quoi, étudiant ou membre de n'importe quelle Faculté savante, profession grave, mais tournure charmante et tenue irréprochable.

On devine bien que l'aventurier tira le cheval de M. Goefle de l'écurie après avoir prié Jean de ne pas trop s'ennuyer tout seul, qu'il attela le docile Loki au traîneau, alluma le fanal, et descendit comme un trait de flèche le chemin escarpé du Stollborg.

Dix minutes après, il entrait dans la cour illuminée du château neuf, jetait d'un air dégagé les rênes aux grands laquais galonnés accourus au bruit des clochettes de son cheval, et franchissait quatre à quatre les degrés du perron de l'opulente résidence.

III

Cristiano agissait, comme on fait dans certains rêves où l'on se sent entraîné à accomplir une action invraisemblable sans pouvoir se rendre compte de sa propre volonté. Tout n'était-il pas invraisemblable dans le milieu où il se trouvait jeté? Ce fantastique château, appelé le château neuf par antithèse à la masure du Stollborg, mais qui datait en réalité du temps de la reine Christine, et qui, par sa richesse et son animation, semblait tombé des nues au sein d'un désert sauvage; ces abords de roches brutes et d'eaux fougueuses qui avaient toutes les raisons du monde pour être impraticables, mais où, grâce à l'hiver, d'élégants équipages avaient tracé sur la glace des chemins sinueux et faciles; les cordons de lumières qui dessinaient dans la nuit la vaste enceinte des murs avec leurs tours trapues, coiffées de gros bonnets de cuivre surmontés de flèches démesurées ; le long corps de logis irrégulièrement flanqué de pavillons carrés, et terminé par de gigantesques pignons dentelés de statues et d'emblèmes; la grande horloge du pavillon central, qui sonnait dix heures du soir, heure à laquelle les ours mêmes craignent de secouer la neige où ils sont blottis, et où des hommes, les plus délicats animaux de la création, dansaient en bas de soie avec des femmes aux épaules nues ; tout dans l'âpre grandeur du site et dans la scène galante qui l'animait, jusqu'aux accords badins et précieux de cette vieille musique française qui se mariait sans façon aux aigres soupirs de la bise dans les longs corridors, était fait pour étonner la raison d'un voyageur et embrouiller les notions d'un habitant de l'Italie.

En voyant les vastes salons et la longue galerie à plafond peint de divinités mythologiques remplis de bruit et de monde, Cristiano se demanda sérieusement si ces gens-là n'étaient pas des fantômes évoqués par les sorcières de la solitude pour se moquer de lui. D'où sortaient-ils avec leurs toilettes rococo, leurs habits à paillettes et leurs dames poudrées, souriantes dans les flots de plumes et de dentelles? Le château magique n'allait-il pas disparaître d'un coup de baguette, et ces pimpants danseurs de menuet et de chaconne n'allaient-ils pas s'envoler sous la forme d'aigles blancs ou de cygnes sauvages ?

Cristiano avait pourtant déjà remarqué la physionomie particulière des mœurs de la Suède : l'isolement aventureux des habitations, l'énorme distance qui les sépare des petits groupes honorés du nom de village; l'éparpillement de ces mêmes villages s'étendant quelquefois sur une surface de deux ou trois lieues et ralliés seulement par le dôme verdâtre du clocher de la paroisse; le mépris des nobles pour le séjour des villes, attribué exclusivement aux bourgeois commerçants; enfin la passion du désert jointe, par un bizarre contraste, à la passion d'une locomotion effrénée, en vue des réunions soudaines et en apparence impossibles. Mais Cristiano, bien qu'appelé à une fête de campagne, n'avait pas prévu que ces instincts caractéristiques du Suédois dussent augmenter en raison de la rigueur du climat, de la longueur des nuits et de la difficulté apparente des communications. C'est pourtant là une conséquence naturelle du besoin que l'homme éprouve de vaincre la nature et de mettre à profit les compensations qu'elle lui présente. Il y avait deux mois que le baron avait fait savoir à cinquante lieues à la ronde qu'il recevrait la noblesse du pays aux fêtes de Noël. Le baron n'était estimé ni aimé de personne, et cependant, depuis quelques jours, le château était plein d'hôtes empressés, venus des quatre points cardinaux, à travers les lacs, les forêts et les montagnes.

L'hospitalité est proverbiale en Dalécarlie, et, comme l'amour du désert joint à celui du plaisir, elle augmente à mesure que l'on s'enfonce dans les régions difficiles et reculées. Cristiano, qui avait remarqué cette admirable bienveillance pour les étrangers de la part des Suédois, surtout lorsqu'on parle leur langue, avait peu songé à la difficulté de s'introduire dans une réunion où l'on n'est connu de personne, lorsqu'à cet inconvénient se joint celui de n'avoir pas été invité. Aussi eut-il un moment de réveil désagréable en voyant une espèce de maître d'hôtel qui portait l'épée venir à sa rencontre dans la salle d'entrée, et lui tendre la main d'un air affable après l'avoir respectueusement salué.

Cristiano, croyant que cette main tendue était une manière d'accueil en usage dans le pays, allait la serrer avec bienveillance ; mais il s'avisa que ce pouvait être la demande de produire sa lettre d'invitation. Le personnage était vieux, laid, marqué de petite vérole, et ses yeux bridés avaient une expression de fausseté mal déguisée sous un air d'apathie doucereuse. Cristiano mit donc sa main dans la poche de sa veste, bien certain de n'y pas trouver ce qu'on lui réclamait. Il avait bien reçu la proposition de venir à Waldemora aux frais de l'amphitryon, mais non pas au même titre que les gentilshommes du pays. Aussi se préparait-il à faire la mimique de l'homme qui a oublié son passe-port, et qui se dispose à retourner le chercher, sauf à ne pas revenir, lorsque sa main rencontra dans sa poche, c'est-à-dire dans celle de M. Goefle, un papier signé du baron et contenant une invitation en règle pour l'honorable M. Goefle et les personnes de sa famille, conformément à la formule généralement adoptée. Cristiano, dès qu'il y eut jeté les yeux, présenta résolûment la lettre d'admission, que le maître d'hôtel regarda à peine, mais qu'il lut cependant avec certitude.

— Monsieur est le parent de M. Goefle? dit-il en mettant la lettre dans une corbeille avec beaucoup d'autres.

— Parbleu ! répondit Cristiano avec assurance.

M. Johan (tel était le nom du maître d'hôtel) salua de nouveau et alla ouvrir une porte qui donnait sur le grand escalier, par où allaient et venaient les hôtes installés au château, et par où montaient sans contrôle les voisins connus du nombreux domestique de la maison. A cette simple formalité se borna l'introduction de Cristiano, lequel avait espéré y échapper, n'ayant pas le dessein de se poser en aucune façon dans la fête, mais se livrant seulement à la fantaisie de la parcourir et d'y apercevoir la charmante Marguerite.

Il se trouva d'abord dans la grande galerie peinte à fresque qui traversait le principal corps de logis de part en part, et dont la décoration faisait de son mieux pour imiter le goût italien introduit en Suède par la reine Christine. Les peintures n'étaient pas bonnes, mais elles produisaient leur effet. Elles représentaient des scènes de chasse, et, si leur grand mouvement de chiens, de chevaux et d'animaux sauvages ne satisfaisait pas par le dessin le jugement de l'artiste, il réjouissait du moins la vue par un ensemble de couleurs brillant et animé.

En suivant cette galerie, Cristiano arriva au seuil d'un assez riche salon où l'on commençait à danser. L'aventurier n'avait qu'une pensée en promenant ses regards sur les danseuses ; mais à son désir de voir Marguerite se joignait une secrète anxiété. Trouver le moyen de renouer avec elle la conversation du Stollborg, en substituant sa véritable personnalité ou tout au moins une personnalité nouvelle quelconque à celle qu'il avait usurpée, ne lui paraissait plus chose aussi facile qu'il se l'était imaginé en s'embarquant dans cette folle aventure. Aussi fut-il presque content de ne pas voir Marguerite dans le bal, et il profita de ce qui lui sembla être un répit pour essayer de se faire une idée du monde qui s'agitait devant ses yeux.

Il s'était attendu à des étonnements auxquels rien ne donna lieu. Au premier abord, la réunion n'avait pas le caractère particulier que son imagination s'était promis. Le siècle appartenait, à cette époque, à Voltaire, et, par contre-coup, à la France. À l'exemple de presque tous les souverains de l'Europe, les hautes classes de presque toute l'Europe avaient adopté la langue et en apparence les idées de la France philosophique et littéraire; seulement, comme le goût, la logique et le discernement ne sont jamais que le partage du petit nombre, il résultait de cet engouement pour nos idées beaucoup d'inconséquences. Ainsi les usages et les mœurs se ressentaient beaucoup plus souvent de la corruption et de la mollesse de Versailles que des studieux loisirs de Ferney. La France était une mode, tout comme la philosophie. Arts, costumes, monuments, bon ton, manière d'être ou de paraître, tout était une copie plus ou moins réussie de la France dans ce qu'elle avait à ce moment de bon et de mauvais, de splendide et de mesquin, de prospère et de fâcheux. C'était une de ces époques caractéristiques où le progrès et la décadence semblent se donner la main, en attendant qu'ils s'étreignent pour s'étouffer mutuellement.

L'intérieur du baron Olaüs n'était que la copie un peu arriérée d'une réunion française au XVIIIe siècle, et cependant le baron haïssait la France et intriguait dans le sens de la politique russe; mais, en Russie, on singeait aussi la France, on parlait français; on avait à la cour les mœurs farouches et sanglantes de la barbarie, tout en s'essayant aux manières galantes et à l'esprit de notre civilisation. Le baron Olaüs suivait donc le courant irrésistible de l'époque. Plus tard, nous saurons son histoire. Revenons à Cristiano.

Quand il eut bien regardé les toilettes des femmes, qui lui parurent n'être que de quelques années en retard sur celles des dames françaises, et leurs figures, qui, sans être toutes belles et jeunes, avaient généralement une expression de douceur ou d'intelligence, il chercha à reconnaître, c'est-à-dire à deviner parmi les hommes la tournure et la physionomie du maître de la maison. Près du lieu d'où il observait toutes choses sans se mettre en évidence, deux hommes causaient à voix basse en lui tournant le dos. Involontairement Cristiano suivit leur conversation, bien qu'il n'y prît aucun intérêt personnel.

Ces deux hommes parlaient français, l'un avec l'accent russe, l'autre avec l'accent suédois. La langue des cours et de la diplomatie était apparemment nécessaire à l'échange de leurs idées.

— Bah! disait le Suédois, je ne suis pas plus *bonnet* que *chapeau,* bien que l'on me mette à la tête d'une certaine fraction des plus épais bonnets de coton de la diète. Au fond je me moque des puérilités, et vous connaîtriez mal la Suède, si vous faisiez plus de cas des uns que des autres.

— Je le sais, répondit le Russe : les voix au plus offrant.

— Offrez donc! Vous n'avez pas d'autre politique à suivre. Elle est simple, et elle vous est facile, à vous qui avez un gouvernement riche. Quant à moi, je vous suis tout acquis, sans vous rien demander; c'est une affaire de conviction.

— Je vois que vous n'êtes pas de ces patriotes de l'âge d'or qui rêvent l'union scandinave, et qu'on s'entendra toujours avec vous. La czarine compte sur vous; mais n'espérez pas vous soustraire à ses libéralités : elle n'accepte aucun service qu'elle ne récompense magnifiquement.

— Je le sais, reprit le Suédois avec un cynisme qui frappa Cristiano; j'en ai fait l'expérience. Vive la grande Catherine! qu'elle nous mette dans sa poche, ce n'est pas moi qui m'y opposerai. Qu'elle nous débarrasse surtout des folles notions de droit et de liberté des paysans, qui sont notre fléau! Qu'elle donne un peu de knout à la bourgeoisie et pas mal de Sibérie à bon nombre de nobles qui veulent faire à leur tête! Quant à notre bonhomme de roi, qu'on lui rende son évêché, et surtout qu'on lui ôte sa femme, et il n'aura pas à se plaindre.

— Parlez moins haut, reprit le Russe; peut-être nous écoute-t-on sans en avoir l'air.

— Ne craignez donc rien! Tout le monde fait semblant de savoir le français; mais il n'y a pas ici dix personnes sur cent qui l'entendent. D'ailleurs, ce que je vous dis là, j'ai coutume de le dire sans me gêner. Il y a longtemps que j'ai découvert que la meilleure politique était de faire craindre son opinion. Quant à moi, je crie sur les toits que la Suède est finie. Que ceux qui le trouvent mauvais me prouvent le contraire!

Cristiano, bien qu'il n'appartînt à aucune nation, ne sachant rien de son pays et de sa famille, se sentit indigné d'entendre un Suédois vendre sa part de nationalité avec cette impudence, et il chercha à voir les traits de l'homme qui parlait de la sorte; mais son attention fut détournée par le passage bruyant et incommode d'une figure hétéroclite qui allait de groupe en groupe avec l'activité d'un homme soigneux de faire les honneurs de la fête. Ce personnage était vêtu d'un habit rouge très-voyant et très-richement brodé, et décoré de l'ordre suédois de l'Étoile polaire. Sa coiffure, beaucoup trop élevée pour l'époque, affectait une frisure triomphante de fort mauvais goût, et ses énormes manchettes de superbe dentelle affichaient plus de luxe que de propreté. Du reste, il était vieux, disgracieux, pétulant, bizarre, un peu bossu, très-boiteux et tout à fait louche. Cristiano conclut de ce dernier trait qu'il avait le regard fourbe, et qu'un si malplaisant original ne pouvait être que l'absurde et odieux prétendant à la main de Marguerite.

Pour n'avoir point à se présenter à lui et à soutenir l'usurpation de parenté avec M. Goefle (liberté qu'il s'était permise sans remords et sans danger vis-à-vis du maître d'hôtel), Cristiano s'éloigna discrètement, résolu à errer de salle en salle jusqu'à ce qu'il eût aperçu la jeune comtesse, dût-il se retirer aussitôt après, sans avoir pu lui adresser la parole. Il lui sembla bien avoir été regardé avec une certaine attention par le châtelain bossu; mais, par une savante manœuvre à travers les personnes qui causaient debout près des portes, il se flatta d'y échapper à temps.

Il se promena quelques instants, je ne dirai pas

dans la foule (le local était plus vaste que les hôtes n'étaient nombreux), mais à travers des scènes assez animées, qu'il n'eut pas le loisir d'observer beaucoup. Craignant d'être interrogé avant d'avoir pu joindre celle qu'il cherchait, il passait d'un air affairé et d'autant plus fier qu'il sentait l'audace près de lui manquer. Et cependant, soit curiosité pour un hôte que personne ne connaissait, soit sympathie pour sa belle prestance et sa figure remarquable, dans tous les groupes qu'il côtoyait, il se trouvait des gens disposés à l'aborder ou à bien accueillir ses avances ; mais Cristiano éprouvait une sorte de vertige qui lui faisait interpréter en sens contraire les regards affables et les sourires bienveillants dont il était le but. Il passait donc vite, feignant de chercher ouvertement quelqu'un, et saluant avec une grâce aisée, qui ne lui coûtait rien, les gens qui se dérangeaient devant lui, mais sans trop oser les regarder.

Enfin il aperçut, en revenant dans la galerie dite des chasses, deux femmes qu'il reconnut aussitôt, l'une pour celle qu'il avait vue au Stollborg une heure auparavant, l'autre pour sa gouvernante ; cette supposition était assez bien fondée sur la toilette modeste, l'air timide et fin, et je ne sais quoi de français répandu dans l'aspect de mademoiselle Potin. Ceci était la première partie de l'épisode romanesque arrangé dans la tête de Cristiano. Il était au bal, il n'avait pas rencontré d'obstacle à son admission, il s'était préservé du regard et des questions du maître de la maison, et il trouvait enfin Marguerite sous la tutelle bénévole de sa confidente. Ce n'était pas tout. Il s'agissait d'aborder la jeune comtesse ou d'attirer son attention, et de nouer sur de nouveaux frais connaissance avec elle.

La seconde partie du roman débuta d'une façon très-inquiétante. Au moment où Cristiano guettait le regard de Marguerite, regard sur lequel il comptait pour trouver l'inspiration, il sentit un pas inégal qui tâchait d'emboîter le sien, et une voix claire et criarde, partant de derrière lui, l'arrêta net par ces paroles :

— Monsieur! monsieur l'étranger! où courez-vous ainsi?

L'aventurier se retourna et se vit nez à nez avec le vieillard louche et contrefait qu'il avait cru si bien éviter. Je dis nez à nez, car le boiteux, s'étant lancé à sa poursuite, ne put changer son allure aussi vite que lui, et faillit tomber dans ses bras. Cristiano pouvait fuir, mais c'eût été tout compromettre; il paya d'audace et répondit :

— Je vous demande mille pardons, monsieur

le baron, c'est précisément vous que je cherchais.

— Ah! oui, dit le boiteux en lui tendant la main avec une soudaine cordialité; je m'en doutais bien. J'avais remarqué votre figure parmi toutes les autres; je m'étais dit : « Voilà un homme instruit, quelque voyageur savant, un homme sérieux, une intelligence enfin, et certainement je suis le pôle que cherche l'aimant. » Eh bien, me voilà, c'est moi. Je suis tout à vous et avec plaisir. J'aime la jeunesse studieuse, et vous pouvez me faire toutes les questions dont vous souhaitez la solution.

Il y avait tant de candeur et de bonhomie dans la figure riante et le langage vaniteux du vieillard, que Cristiano accusa intérieurement Marguerite d'injustice à son égard. A coup sûr, c'était là un fiancé burlesque et impossible; mais c'était le meilleur homme du monde, incapable de donner une chiquenaude à un enfant, et, si un de ses yeux errait, vague et comme ébloui, sur les parois de la salle, l'autre regardait son interlocuteur d'une façon si franche et si paternelle, que toute accusation de férocité devenait une rêverie.

— Je suis confus de vos bontés, monsieur le baron, répondit Cristiano, rassuré jusqu'à l'ironie. Je savais bien que vous étiez versé dans les sciences, et c'est pour cela qu'ayant moi-même quelques faibles notions...

— Vous vouliez me demander des conseils, une direction peut-être... Ah! mon cher enfant, en toutes choses, la méthode... Mais je ne veux pas vous tenir debout au milieu de ces gens frivoles qui vont et viennent; asseyons-nous là, tenez. Personne ne nous dérangera, et, pour peu que le cœur vous en dise, nous causerons toute la nuit. Quand il s'agit de science, je ne connais ni fatigue, ni faim, ni sommeil. Vous êtes comme ça, je parie? Ah! c'est que, voyez-vous, il faut être comme ça, ou ne pas se mêler de devenir savant!

— Hélas! pensa Cristiano, je suis tombé au fond d'un puits de science, et me voilà condamné aux mines, je parie, ni plus ni moins qu'un exilé en Sibérie!

Cette découverte était d'autant plus cruelle que Marguerite avait passé, et qu'elle était déjà au bout de la galerie, causant avec ceux et celles qui venaient la saluer, et se dirigeant visiblement vers la salle de danse, où le baron ne paraissait nullement disposé à la rejoindre. Il s'était assis dans une des embrasures en hémicycle de la galerie, auprès d'un poêle dissimulé par des branches d'if et de houx, formant trophée avec des armes de chasse et des têtes empaillées d'animaux sauvages.

— Je vois, dit Cristiano, qui eût bien voulu éviter en ce moment la conversation scientifique, que vous êtes universel. Il n'est question que de votre adresse à la chasse, et je m'étonne que vous trouviez le temps...

— Pourquoi me supposez-vous chasseur? répondit le vieillard d'un air étonné. Ah! c'est parce que vous me croyez coupable du meurtre de ces bêtes, dont les têtes mutilées sont là, nous regardant tristement avec leurs pauvres yeux d'émail! On vous a trompé, je n'ai chassé de ma vie. J'ai horreur des amusements qui entretiennent la férocité trop naturelle à l'homme! C'est à l'étude des entrailles insensibles, mais fécondes, du globe que je me suis consacré.

— Pardon! monsieur le baron, je croyais...

— Mais pourquoi m'appelez-vous baron? Je ne le suis pas; il est bien vrai que le roi m'a anobli et décoré de l'Étoile polaire, en récompense de mes travaux dans les mines de Falun. J'ai été, comme vous savez sans doute, professeur de l'École de minéralogie dans cette ville; mais je n'ai pas pour cela droit à un titre, et il me suffit d'avoir quelques petits priviléges qui me soutiennent devant la caste orgueilleuse, dont, après tout, je me soucie comme de rien.

— J'ai fait quelque méprise, pensa Cristiano. Oh ! alors, il s'agit d'échapper à ce savant le plus vite possible, sauf à le retrouver plus tard.

Mais il changea tout à coup d'idée en voyant Marguerite revenir sur ses pas et faire mine de se diriger lentement, et à travers mille interruptions, vers le lieu où il se trouvait. Il ne songea plus dès lors qu'à se mettre au mieux avec le géologue, afin de se faire présenter par lui, s'il était possible, comme un homme distingué. Il entra donc vite en matière. Il en savait plus qu'il ne faut pour faire des questions intelligentes. Il avait traversé Falun dans la matinée, il était descendu dans la grande mine, et il avait recueilli, pour sa satisfaction personnelle, des échantillons intéressants, au grand mépris de Puffo, qui le regardait parfois comme un cerveau détraqué. Il savait bien, en outre, qu'il suffit, en général, d'écouter avec respect un savant vaniteux et de provoquer l'étalage de sa science pour être jugé par lui très-intelligent. C'est ce qui ne manqua pas d'arriver. Sans songer à lui demander son nom, son pays ou sa profession, le professeur fit à Cristiano la description minutieuse du monde souterrain, à la surface duquel il ne se souciait que de lui-même, de sa réputation, de ses écrits, enfin du succès de ses observations et découvertes.

Dans tout autre moment, Cristiano l'eût écouté avec plaisir; car il voyait bien, en somme, qu'il avait affaire à un homme très-ferré sur son sujet, et il s'intéressait vivement pour son compte à toute étude sérieuse de la nature; mais Marguerite approchait, et le savant, remarquant la préoccupation soudaine du jeune homme, leva son bon œil dans la même direction et s'écria :

— Ah ! voici ma fiancée ! je ne m'étonne plus ! Parbleu ! mon cher ami, il faut que je vous présente à la plus aimable personne du royaume.

— C'est donc lui ! pensa Cristiano stupéfait : c'est décidément le baron Olaüs ! Il est fou; mais c'est bien là le vieillard à qui cette rose des neiges doit être sacrifiée !

Il se confirma dans cette croyance, mais avec un étonnement nouveau, quand il vit Marguerite hâter le pas de son côté, en disant à mademoiselle Potin :

— Enfin voilà mon amoureux !

Puis elle ajouta en tendant la main au vieillard avec un sourire presque caressant :

— Mais à quoi songez-vous, monsieur, de vous cacher dans ce petit coin quand votre fiancée vous cherche depuis une heure !

— Vous le voyez, dit le savant avec une satisfaction naïve à Cristiano, elle me cherche, elle s'ennuie quand je ne suis pas auprès d'elle! Que voulez-vous, ma belle amoureuse? Tout le monde veut me consulter, ce n'est pas ma faute, et voilà un charmant jeune homme, un voyageur... français, n'est-ce pas? ou italien, car vous avez un tout petit accent étranger? Permettez-moi, comtesse Marguerite, de vous présenter mon jeune ami, M. de... Comment vous nommez-vous?

— Christian Goefle, dit Cristiano avec aplomb.

Ce nom usurpé, surtout cette voix et cette prononciation qu'elle avait toutes fraîches dans l'oreille firent tressaillir Marguerite.

— Vous êtes le fils de M. Goefle? dit-elle vivement. Oh! c'est singulier comme vous lui ressemblez!

— Il n'y aurait rien de singulier à se ressembler de si près, répondit le savant; mais monsieur ne peut être que le neveu de Goefle; car Goefle ne s'est jamais marié, et, par conséquent, n'a pas plus d'enfant que moi-même.

— Ce ne serait pas une raison, dit Cristiano à l'oreille du savant.

— Ah! oui, au fait! répondit celui-ci du même ton et avec une naïveté incroyable, je n'y songeais pas! ce diable de Goëfle!... Alors vous seriez un fils de la main gauche?

— Élevé à l'étranger et arrivé tout récemment en Suède, répondit Christian, émerveillé du succès de ses inspirations.

— Bien, bien! reprit le savant, qui écoutait fort peu tout ce qui ne le concernait pas directement; je comprends, c'est bien vu, vous êtes son neveu.

Puis, s'adressant à Marguerite :

— Je connais parfaitement monsieur, lui dit-il, et je vous le présente comme le propre neveu du bon Goefle... que vous ne connaissez pas, mais que vous avez envie de connaître, vous le disiez ce matin.

— Et je le dis encore, s'écria Marguerite.

Mais tout aussitôt elle rougit en rencontrant les yeux de Cristiano, qui lui rappelèrent par leur vivacité ceux du faux Goefle, qu'elle avait trouvés fort brillants à travers les mèches pendantes du bonnet fourré, lorsque, pour la mieux voir, il avait de temps en temps relevé involontairement les lunettes vertes du docteur.

— Et comment se fait-il, reprit le savant en s'adressant à la jeune fille sans remarquer son trouble, que vous ne soyez pas à la danse? Je croyais qu'il n'y en aurait que pour vous cette nuit, et qu'on n'aurait pas le loisir de vous dire un mot.

— Eh bien, mon cher amoureux, vous vous êtes trompé. Je ne danserai pas : je me suis tourné le pied dans l'escalier. Vous ne voyez donc pas que je suis boiteuse?

— Non, en vérité! C'est donc pour me ressembler? Racontez un peu à M. Goefle comment je suis devenu boiteux; c'est une histoire épouvantable, et tout autre que moi y serait resté. Oui, monsieur, vous voyez en moi une victime de la science.

Et, sans attendre que Marguerite prît la parole, M. Stangstadius se mit à raconter avec animation comme quoi, en se faisant descendre dans une mine, la corde ayant cassé, il était tombé avec le panier au fond du gouffre d'une hauteur de cinquante pieds sept pouces et cinq lignes. Il était resté évanoui six heures cinquante-trois minutes, je ne sais combien de secondes, et, pendant deux mois, quatre jours et trois heures et demie, il n'avait pu faire un mouvement. Il spécifia de même avec une ponctualité désespérante la mesure exacte des emplâtres dont il avait été couvert sur chaque partie endommagée de son corps, et la quantité par drachmes, grains et scrupules, des différentes drogues qu'il avait absorbées, soit en boissons, soit en frictions émollientes.

Ce récit fut très-long, bien que le bonhomme parlât vite et sans se répéter; mais sa mémoire était un véritable fléau, qui ne lui permettait pas d'omettre la plus minime circonstance, et, quand il parlait de lui-même, il ne supposait jamais que l'on pût se lasser de l'écouter.

Marguerite, qui savait par cœur le récit de l'événement, put n'y pas prêter grande attention et s'entretenir quelques moments à voix basse avec mademoiselle Potin. Le résultat de cette courte conférence, que Cristiano remarqua fort bien, fut bientôt visible pour lui. La bonne Potin saisit au vol le moment où le vieillard finissait son histoire et allait s'embarquer dans une autre, pour lui demander avec une insidieuse candeur l'explication d'un paragraphe qu'elle prétendait n'avoir pu comprendre dans son dernier ouvrage.

Cristiano admira le génie inventif de la femme en voyant avec quelle chaleur le savant s'absorba dans une discussion avec la gouvernante, tandis que les yeux de Marguerite disaient clairement au jeune homme :

— Je meurs d'envie de vous parler !

Il ne se le fit pas dire deux fois, et la suivit à l'autre extrémité du petit hémicycle, où elle s'assit sur une banquette, tandis que, debout auprès d'elle, en dehors de l'embrasure et dans une attitude respectueuse, il la masquait adroitement aux regards des allants et venants.

— Monsieur Christian Goefle, lui dit-elle en le regardant avec attention encore une fois, c'est étonnant comme vous ressemblez à monsieur votre oncle !

— On me l'a dit souvent, mademoiselle; il paraît que c'est frappant !

— Je n'ai pas bien vu, et même je peux dire que je n'ai presque pas vu sa figure; mais son accent, sa prononciation... c'est la même chose absolument !

— J'aurais cru pourtant avoir le timbre un peu plus frais ! répliqua Cristiano, qui avait eu soin au Stollborg de vieillir de temps en temps ses intonations.

— Oui, sans doute, dit la jeune fille, il y a la différence de l'âge, quoiqu'on puisse dire que monsieur votre oncle a encore un très-bel organe. Après tout, il n'est pas bien vieux, n'est-ce pas? Il ne m'a pas paru du tout avoir l'âge qu'on lui donne. Il a des yeux magnifiques, et il est presque de votre taille...

— A peu de chose près, dit Cristiano en jetant un regard involontaire sur l'habit du docteur en droit, et en se demandant si Marguerite le raillait ou l'interrogeait de bonne foi.

Il prit le parti de brusquer l'explication.

— Mon oncle et moi, dit-il, nous avons encore une autre ressemblance : c'est l'intérêt bien vif que nous portons à une personne de votre connaissance et le dévouement dont nous sommes animés pour elle.

— Ah! ah! dit la jeune fille en rougissant encore, mais avec une candeur qui dissipa les inquiétudes de Cristiano; je vois que monsieur votre oncle est un babillard, et qu'il vous a raconté ma visite de ce soir.

— J'ignore si vous lui avez confié quelque secret; ce qu'il m'a répété ne renferme aucun mystère dont vous ayez à rougir.

— Répété... répété... Vous étiez là, je parie, dans quelque chambre ou cabinet voisin? Vous avez tout entendu?

— Eh bien, oui, répondit Cristiano, qui vit que la confiance irait plus vite, s'il profitait de l'idée qu'on lui suggérait innocemment; j'étais dans la chambre à coucher, occupé à mettre en ordre les papiers de mon oncle. A son insu et malgré moi, j'ai tout entendu.

— Voilà qui est agréable! dit Marguerite un peu confuse, et cependant contente au fond du cœur sans pouvoir s'en rendre compte; au lieu d'un confident, il se trouve que j'en ai deux!

— Vos confidences étaient celles d'un ange en apparence; mais je commence à craindre que ce ne fussent réellement celles d'un démon!

— Merci de la bonne opinion que vous avez de moi! Peut-on savoir sur quoi vous la fondez?

— Sur une dissimulation que je ne m'explique pas. Vous avez dépeint le baron Olaüs comme un monstre au physique et au moral...

— Pardonnez-moi, monsieur; vous avez mal entendu. Je l'ai dépeint désagréable, effrayant; je n'ai jamais dit qu'il fût laid.

— Et pourtant vous auriez pu le dire, car il est, à franchement parler, d'une laideur accomplie.

— A cause de sa physionomie dure et froide, c'est vrai; mais tout le monde s'accorde à dire qu'il a de fort beaux traits.

— Les gens de ce pays ont une singulière manière de voir! Enfin ne disputons pas des goûts! Moi, je vois autrement. Je le trouve laid et mal tourné, mais d'un aspect comique et débonnaire...

— Vous vous moquez certainement, monsieur Christian Goefle, ou il y a ici un quiproquo. Dieu me pardonne, vos yeux désignent le personnage qui est en face de nous! Serait-il possible que, dans votre opinion, ce fût là le baron de Waldemora?

— Ne dois-je pas croire que le baron est celui qui parle de vous comme de sa fiancée, et que vous appelez gaiement votre amoureux?

Marguerite éclata de rire.

—Oh! en effet, s'écria-t-elle, si vous avez pu croire que je traitais avec cette familiarité amicale le baron Olaüs, vous devez me juger bien menteuse ou bien inconséquente; mais, Dieu merci, je ne suis ni l'une ni l'autre. Le personnage que j'appelle par plaisanterie mon amoureux n'est autre que le docteur ès sciences Stangstadius, dont il est bien impossible que vous n'ayez pas entendu parler à votre oncle.

— Le docteur Stangstadius? répondit Cristiano, soulagé d'un grand déplaisir. Eh bien, j'avoue que je ne le connais pas, même de nom. J'arrive de pays lointains où j'ai toujours vécu.

— Alors, reprit Marguerite, je m'explique comment vous ne connaissez pas le savant minéralogiste ici présent. C'est, comme vous l'avez très-bien jugé, un excellent homme, un peu violent parfois, mais sans rancune. J'ajouterai qu'il est naïf comme un enfant, et qu'il y a des jours où il prend au sérieux ma *passion* pour lui, et cherche à s'en débarrasser en me disant qu'un homme tel que lui appartient à l'univers et ne peut se consacrer à une femme. J'ai connu ce bonhomme il y a déjà bien longtemps, lorsqu'il est venu au château où j'ai été élevée, pour faire des études dans nos terrains. Il y a passé quelques semaines, et, depuis, ma tante l'a autorisé à venir me voir lorsqu'il a affaire dans le pays. C'est le seul homme que je connusse ici quand j'y suis arrivée, car il faut vous dire que le baron Olaüs lui a confié des travaux à diriger dans son domaine; mais j'aperçois ma tante, qui me cherche et qui va me gronder, vous allez voir!

— Voulez-vous l'éviter? Passez entre la muraille et ce trophée de chasse.

— Il faudrait que Potin y passât aussi, et nous ne pourrons jamais persuader à M. Stangstadius de ne pas nous trahir. Hélas! ma tante va me tourmenter pour que je danse avec le baron; mais je m'obstinerai à être boiteuse, bien que je le sois si peu, que je ne m'en aperçois pas.

— Vous ne l'êtes pas du tout, j'espère?

— Si fait. J'ai eu le bonheur de tomber devant elle, tout à l'heure, dans l'escalier. J'ai eu, pour tout de bon, un peu de douleur à la cheville, et j'ai fait pas mal de grimaces pour prouver qu'il m'était impossible d'ouvrir la danse *noble* avec le maître de la maison. Ma tante a dû me remplacer, et voilà pourquoi je suis ici; mais c'est fini : elle arrive!

En effet, la comtesse Elfride d'Elvéda s'approchait, et Cristiano dut s'éloigner un peu de Marguerite, auprès de laquelle il s'était assis.

La comtesse était une petite femme grasse, fraîche, vive, décidée, à peine âgée de trente-cinq ans, très-coquette, mais moins par galanterie que par esprit d'intrigue.

Elle était un des plus ardents *bonnets* de la Suède, c'est-à-dire qu'elle travaillait pour la Russie contre la France, dont les partisans prenaient le titre de *chapeaux*, et pour la noblesse et le clergé luthérien contre la royauté, qui naturellement cherchait son appui dans les autres ordres de l'État, les bourgeois et les paysans.

Elle avait été jolie et elle l'était encore assez, son esprit et son crédit aidant, pour faire des conquêtes; mais sa manière d'être, tour à tour hautaine et familière, déplut à Cristiano. Dès le premier coup d'œil, il lui trouva un air de duplicité et d'obstination qui lui parut de mauvais augure pour l'avenir de Marguerite.

— Eh bien, dit-elle à celle-ci d'un ton aigre et bref, que faites-vous là, contre ce poêle, comme si vous étiez gelée? Venez, j'ai à vous parler.

— Oui, ma tante, répondit la rusée Marguerite en feignant de se lever avec effort; mais c'est qu'en vérité je souffre beaucoup de ce pied! Ne pouvant danser, j'avais froid dans le grand salon.

— Mais avec qui donc causiez-vous ici? lui demanda la comtesse en regardant Cristiano, qui s'était rapproché de M. Stangstadius.

— Avec le neveu de votre ami M. Goefle, qui vient

de m'être présenté par M. Stangstadius. Vous le présenterai-je, ma tante?

Cristiano, qui n'écoutait pas le savant, entendit fort bien la réponse de Marguerite, et, résolu à tout risquer pour prolonger ses rapports avec la nièce, il vint de lui-même saluer la tante d'une façon si gracieusement respectueuse, qu'elle fut frappée de sa bonne mine. Il faut croire qu'elle avait un grand besoin de M. Goefle; car, en dépit du nom roturier que s'attribuait Cristiano, elle lui fit aussi bon accueil que s'il eût appartenu à une des grandes familles du pays. Puis, M. Stangstadius ayant affirmé qu'il était un garçon de mérite :

— Je suis charmée de faire connaissance avec vous, lui dit-elle, et j'en veux à M. Goefle de ne s'être jamais vanté devant moi d'un neveu qui lui fait honneur. Vous vous occupez donc de science, comme notre illustre ami Stangstadius? C'est fort bien vu. C'est une des belles carrières que peut choisir un jeune homme. Par la science, on arrive même à la plus agréable position qu'il y ait dans le monde, c'est-à-dire à une considération que l'on n'est pas forcé d'acheter par des sacrifices.

— Je vois, reprit Cristiano, qu'il en est ainsi en Suède, soit dit à la louange de ce noble pays; mais en Italie, où j'ai été élevé, et même en France, où j'ai demeuré quelque temps, les savants sont généralement pauvres et faiblement encouragés, quand ils ne sont pas persécutés par le fanatisme religieux.

Cette réponse transporta de joie le géologue, qui avait un grand amour-propre national, et plut infiniment à la comtesse, qui dédaignait la France.

— Vous avez bien raison, dit-elle, et je ne comprends pas votre oncle de vous avoir fait élever ailleurs que dans votre pays, où le sort des étudiants est si honorable et si heureux.

— Il tenait, répondit à tout hasard Cristiano, à ce que je pusse parler les langues étrangères avec facilité ; mais, en cela, je pense qu'il n'était pas besoin de m'envoyer si loin, car je me suis aperçu qu'ici on parlait français comme en France.

— Ceci est une politesse dont nous vous remercions, dit la comtesse ; mais vous nous flattez. Nous ne le parlons probablement pas aussi bien que vous. Quant à l'italien, nous le parlons encore moins bien, quoiqu'il entre dans notre éducation, pour peu qu'elle ait été soignée. Vous le parlerez avec ma nièce, et, si elle l'estropie, moquez-vous d'elle, je vous prie ; mais d'où vient que M. Goefle tenait tant aux langues vivantes ? Est-ce qu'il vous destine à la carrière diplomatique ?

— Peut-être, madame la comtesse ; je ne sais pas encore bien ses intentions.

— Fi ! pouah ! s'écria le géologue.

— Doucement, cher savant, reprit la comtesse. Il y a beaucoup à faire aussi de ce côté-là. Toutes les carrières sont belles quand on sait y marcher.

— Si madame la comtesse daignait me conseiller, reprit Cristiano, je m'estimerais très-heureux de lui devoir une bonne inspiration !

— Eh bien, je ne demande pas mieux, répondit-elle en affectant une aimable bonhomie ; nous causerons ensemble, et je m'intéresserai à vous, d'autant plus que vous avez tout ce qu'il faut pour réussir dans le monde. Suivez-nous donc à la salle de danse. Je voudrais absolument décider ma nièce à danser au moins un menuet ; ce n'est pas fatigant, et son refus paraîtrait fort maussade. Vous entendez, Marguerite ! Il faut faire comme tout le monde.

— Mais, ma tante, dit Marguerite, tout le monde n'a pas mal au pied !

— Dans le monde, ma chère enfant, reprit la comtesse, — et je dis cela aussi pour vous, monsieur Goefle, — il faut n'avoir jamais d'empêchement quand il s'agit d'être agréable ou convenable. Retenez bien ceci, qu'on ne manque jamais sa destinée que par sa propre faute. Il faut avoir une volonté de fer, surmonter le froid et le chaud, la soif et la faim, les grandes souffrances aussi bien que les petits bobos. Le monde n'est pas, comme se l'imagine la jeunesse, un palais de fées où l'on vit pour son plaisir. C'est, tout au contraire, un lieu d'épreuves où tous les besoins, tous les désirs, toutes les répugnances doivent être surmontés avec un véritable stoïcisme... quand on a un but! et quiconque n'a pas de but n'est qu'un sot personnage. Demandez à *votre amoureux*, Marguerite, s'il pense à ses petites aises, et s'il craint de se faire du mal quand il descend dans un gouffre pour y chercher ce qui est le but de sa vie! Eh bien, sous les voûtes des palais aussi bien que dans les cavernes des mines, il y a des horreurs à braver. Celle de danser avec une petite douleur à la cheville est bien peu de chose auprès de tant d'autres que vous connaîtrez plus tard. Allons, levez-vous, et venez!

Marguerite adressa involontairement à Cristiano un regard douloureux, comme pour lui dire :

— Vous voyez, je ne serai jamais la plus forte!

— Offrirai-je mon bras à la comtesse Marguerite? dit Cristiano à l'impérieuse tante; elle boite en effet...

— Non, non, ce n'est qu'un caprice! Vous verrez qu'elle ne voudra pas boiter, vu que c'est très-disgracieux. Marguerite, donnez le bras à M. Stangstadius, et passez devant nous, pour qu'on voie lequel de vous boitera le plus bas.

— Boiter, moi? s'écria le savant. Je ne boite que quand je n'y songe pas! Quand je veux, je vais dix fois plus vite et plus droit que les meilleurs piétons. Ah! je voudrais bien que vous me vissiez dans les montagnes, lorsqu'il s'agit de prouver aux guides paresseux que l'on peut tout ce qu'on veut!

En parlant ainsi, M. Stangstadius se mit à marcher rapidement, mais en imprimant à la partie disloquée de son corps un si violent mouvement de bas en haut, que la pauvre Marguerite, entraînée par lui, avait peine à toucher le parquet.

— Donnez-moi le bras, à moi, dit la comtesse Elfride à Cristiano; non que j'aie besoin d'être escortée ou soutenue, mais parce que je veux vous parler.

Et, tout en marchant vite et parlant de même, elle ajouta :

— Votre oncle a dû vous dire que je voulais marier ma nièce avec le baron de Waldemora?

— Il est vrai, madame, il me l'a dit... ce soir.

— Ce soir? Il est donc arrivé? Je ne le savais pas ici!

— Il n'a sans doute pu trouver de place au château, et il a pris gîte au Stollborg.

— Quoi! dans ce repaire d'esprits malins? Eh bien, il sera en bonne compagnie; mais ne viendra-t-il pas au bal?

— J'espère que non! répondit étourdiment Cristiano.

— Vous espérez que non?

— A cause de sa goutte, qui demande du repos.

— Ah! vraiment il a la goutte? Ce doit être un grand ennui pour lui, qui est si ingambe et si actif! Il ne l'avait jamais eue, et croyait ne l'avoir jamais!

— C'est tout récent, une attaque ces jours-ci. Il m'a envoyé ici à sa place, en me recommandant de vous présenter ses devoirs, et de recevoir vos ordres pour les lui transmettre demain à son réveil.

— Ah! fort bien. Vous lui direz alors ce que j'allais vous dire. C'est une chose dont je ne fais pas mystère. J'ai remarqué que, quand on affichait hautement un projet, il était déjà à moitié accompli. Donc, je veux marier ma nièce avec le baron. Vous me direz qu'il n'est pas jeune : raison de plus pour qu'il veuille se dépêcher de frustrer une douzaine d'insupportables héritiers qui lui font la cour en pure perte. Tenez, en voici deux qui passent : l'un est le comte de Nora, un bonhomme inoffensif, l'autre le baron de Lindenwald, un homme d'esprit très-intrigant, ambitieux, et pauvre comme toute notre noblesse d'aujourd'hui. Le baron Olaüs, n'ayant pas de frères, est une heureuse exception ; mais je peux vous dire, à vous et à votre oncle, qu'il est un peu décidé pour ma nièce, et ma nièce pas du tout pour lui. Ceci ne me décourage nullement ; ma nièce est un enfant, et cédera. Ma volonté étant connue ici, personne n'osera lui faire la cour ; je me charge d'elle. C'est à votre oncle de décider le baron, et cela est très-facile.

— Si madame la comtesse daigne me donner ses instructions...

— Les voici en deux mots : ma nièce aime le baron.

— En vérité ?

— Quoi ! vous ne comprenez pas ? Un apprenti diplomate !

— Ah ! si fait ; pardon, madame... La comtesse Marguerite est censée aimer M. le baron, bien qu'elle le déteste, et...

— Et il faut que le baron se croie aimé.

— Donc, c'est à M. Goefle qu'il appartient de lui faire cette histoire ?

— A lui seul. Le baron est fort méfiant. Je le connais de longue date; je ne le persuaderais pas. Il me suppose des vues intéressées.

— Que vous n'avez pas, dit Cristiano en souriant.

— Que j'ai!... pour ma nièce. N'est-ce pas mon devoir envers elle?

— Assurément; mais M. Goefle se prêtera-t-il à... cette petite exagération?

— Un avocat se ferait scrupule d'orner un peu la vérité? Allons donc! quand il s'agit de gagner une cause, votre cher oncle en dit bien d'autres!

— Sans doute; mais le baron croira-t-il...?

— Le baron croira tout de M. Goefle. C'est, selon lui, le seul homme sincère qui existe.

— M. le baron prétend donc être aimé pour lui-même?

— Oui, il a ce travers.

— S'il aime la comtesse Marguerite, il se fera aisément illusion!...

— Aimer! Est-ce qu'on aime à son âge? Il est bien question de cela! C'est un homme grave qui ne songe au mariage que pour avoir un héritier, son fils étant mort il y a deux ans. Il veut une femme jolie et bien née, et ne lui demandera que de ne pas le rendre ridicule. Or, avec ma nièce, il ne risque rien. Elle a des principes; contente ou non de son sort, elle se respectera. Voilà ce que vous pouvez dire à votre oncle pour le décider. Ajoutez-y la promesse de ma reconnaissance, qui a son prix, il le sait bien. Je suis placée pour payer un léger service par un service important, et, pour commencer, que désire-t-il pour vous? que désirez-vous vous-même? Voulez-vous être attaché d'emblée, et sur un bon pied, à l'ambassade de Russie? Je n'ai qu'un mot à dire. L'ambassadeur est ici.

— Dieu me préserve!... s'écria Cristiano, qui détestait la Russie.

Mais il se reprit, ne voulant pas encore se mettre mal avec la comtesse, et acheva ainsi sa phrase :

— Dieu me préserve d'oublier jamais vos bontés! Je ferai tout pour m'en rendre digne.

— Eh bien, commencez tout de suite.

— Faut-il que j'aille au Stollborg réveiller mon oncle?

— Non; approchez-vous de ma nièce de temps en temps durant le bal, et renouez la conversation avec elle. Vous profiterez de cela pour lui faire l'éloge du baron.

— Mais c'est que je ne le connais pas.

— Vous l'avez vu, cela suffit ; vous parlerez comme si vous aviez été frappé de son grand air et de sa noble figure.

— Je ne demanderais pas mieux, si je l'avais vu; mais...

— Ah! vous ne l'avez pas encore salué? Venez, je me charge de vous présenter à lui... Mais non, ce n'est pas cela. Vous allez demander à Marguerite de vous le montrer, et aussitôt vous vous récrierez sur la beauté des traits du personnage. Ce sera naïf, spontané, et vaudra beaucoup mieux qu'un éloge préparé.

— Comment mon opinion, à supposer qu'elle fût sincère, aurait-elle la moindre influence sur l'esprit de votre nièce?

— En Suède, quiconque a voyagé vaut deux, et même trois. Et puis vous ne savez donc pas que les jeunes filles ne s'y connaissent pas du tout, qu'elles sont guidées dans leur choix par l'amour-propre et non par la sympathie, de sorte que l'homme qu'elles se mettent à admirer le plus est toujours celui qui est le plus admiré des autres? Tenez, voilà ma nièce assise au milieu d'autres jeunes personnes qui certainement voudraient bien pouvoir prétendre au baron! C'est très-bon, qu'elle soit là. Je l'y laisserai; mêlez-vous à leur caquet, et, pour que vous puissiez faire ce que vous m'avez promis, moi, je prendrai le bras du baron, et je passerai avec lui en vue de ce grave cénacle. Profitez du moment.

— Mais, si le baron me remarque par hasard, il demandera quel est ce butor qui ne s'est pas fait présenter à lui, et qui a eu la gaucherie de ne pas savoir se présenter lui-même?

— Ne craignez rien, je me charge de tout. D'ailleurs, le baron ne vous verra pas. Il a la vue très-basse, et ne reconnaît les gens qu'à la voix. A la chasse, il porte des besicles, et vise très-juste; mais, dans le monde, il a la coquetterie de s'en priver. C'est convenu, allez!

Un instant après, Cristiano était mêlé aux groupes de belles demoiselles qui se reposaient dans l'intervalle d'une danse à l'autre. Il s'y introduisit en adressant à mademoiselle Potin, qui se tenait au dernier rang, quelques politesses auxquelles la pauvre fille fut très-sensible. Marguerite le vit avec plaisir se joindre au cercle de jeunes gens qui entourait les chaises de ses compagnes, et en un instant celles-ci surent d'elle qu'il était « un jeune homme de grand mérite, neveu du célèbre avocat Goefle, l'ami intime de sa tante. » Quelques-unes pincèrent les lèvres et trouvèrent mauvais qu'un roturier osât venir leur faire sa cour avec les jeunes officiers de l'*indelta* *,

---

* Armée permanente domiciliée à vie dans chaque localité, et dont l'organisation est particulière à la Suède.

qui étaient généralement de bonne famille; mais la plupart l'accueillirent fort bien et le trouvèrent charmant.

Le fait est que, comme beaucoup d'aventuriers de cette époque féconde en aventures, Cristiano était charmant. Par une particularité de type, dont il ne se rendait pas compte, il avait le genre de beauté qui devait plaire dans le pays. Il était grand, bien fait, blanc et frais de carnation, avec des yeux d'un bleu sombre, des sourcils bien marqués, d'un noir d'ébène, de même que les longs cils recourbés et la chevelure magnifique. Personne ne douta qu'il ne fût de pure race dalécarlienne, race tranchée et très-différente des autres types scandinaves. Il avait, en outre, quelque chose de particulier qui attirait l'attention : c'était une façon d'être étrangère au pays, une suavité de langage et de manières qui sentait la fréquentation d'un monde plus civilisé ou plus artiste, et comme un parfum d'Italie et de France attaché à sa personne. Dès qu'on le sut élevé en Italie, on l'accabla de questions, et toutes ses réponses marquèrent tant de bons sens, de franchise et de gaieté, qu'au bout d'un quart d'heure de babil toutes ces jeunes têtes raffolaient de lui. Sans être fat, Cristiano n'en fut pas surpris. Il avait été, en d'autres temps, habitué à plaire, et, en voulant, à tout prix, se redonner une soirée d'homme du monde, il savait bien qu'à moins d'un coup de théâtre qui compromettrait gravement son succès, il se tirerait de son rôle mieux que la plupart des gens titrés ou gradés qui se trouvaient là.

Cependant la petite comtesse Elfride, accrochée ou plutôt suspendue au bras du monumental baron Olaüs, avait passé deux fois sans rencontrer les yeux de Cristiano. A la troisième, elle toussa très-fort, puis amena le baron jusqu'auprès de Marguerite, et Cristiano, qui comprit, s'arracha à l'enivrement de la conservation pour s'effacer et observer le personnage sans attirer son attention.

Le baron Olaüs était très-grand, très-gros et très-beau en dépit de l'âge, mais d'une physionomie réellement effrayante par sa blancheur mate et sa sinistre impassibilité. Son regard fixe tombait sur vous comme ces coups de vent glacé qui ôtent la respiration, et sa bouche avait un sourire morne, d'un dédain et d'une tristesse extraordinaires. Sa voix, sans inflexion, était d'une sécheresse désagréable, et, dès qu'il l'entendit s'adresser à Marguerite, Cristiano reconnut celle du personnage qui, une heure auparavant, faisait si bon marché de la Suède dans ses épanchements avec un diplomate russe. Il le reconnut aussi à sa haute taille et à son habillement riche et sombre, qu'il avait remarqués en l'écoutant faire à l'ennemi les honneurs de sa patrie.

— Décidément, mademoiselle, dit le fâcheux baron à Marguerite, vous ne voulez pas danser? Vous souffrez beaucoup?

La comtesse Elfride ne donna pas à Marguerite le temps de répondre.

— Oh! ce n'est rien du tout, dit-elle; Marguerite dansera tout à l'heure.

Et elle emmena le baron en lançant à Cristiano un nouveau regard passablement impérieux. Or, voici comment Cristiano se conforma à ses injonctions.

— Est-ce donc là le baron Olaüs de Waldemora? dit-il à Marguerite en se rapprochent d'elle et de mademoiselle Potin, qui s'était serrée contre la jeune fille à l'approche du châtelain.

— C'est lui, répondit Marguerite avec un sourire amer. Comment le trouvez-vous?

— C'est un homme qui a pu être très-beau il y a une trentaine d'années.

— Au moins! reprit Marguerite avec un soupir. Sa figure vous plaît?

— Oui. J'aime les faces réjouies! La sienne est d'une gaieté...

— Effroyable, n'est-ce pas?

— Que disiez-vous donc à mon oncle? reprit Cristiano en s'asseyant derrière son fauteuil et en baissant la voix; il a tué sa belle-sœur?

— On le croit.

— Moi, j'en suis sûr!

— Ah! parce que...?

— Parce qu'il l'aura regardée!

— Oh! n'est-ce pas que son regard est celui d'un phoque?

— Vous exagérez un peu, dit mademoiselle Potin, qui avait sans doute été terrifiée de son côté par quelque muette menace de la comtesse Elfride: il a l'œil fixe des gens qui ne voient pas.

— Eh! justement, dit Cristiano; la mort est aveugle... Mais qui donc a surnommé le baron *l'homme de neige?* Le nom lui convient: il personnifie pour moi l'hiver du Spitzberg. Il m'a donné le frisson.

— Et avez-vous remarqué son tic? dit Marguerite.

— Il a porté la main à son front comme pour en essuyer la sueur; est-ce cela?

— Précisément.

— Il veut peut-être faire croire qu'il sue, l'homme de neige; mais c'est tout simplement qu'il fond,

— Vous voyez bien que j'ai raison d'en avoir peur. Et son diamant noir, y avez-vous fait attention?

— Oui, j'ai remarqué le *hideux* diamant noir, comme il essuyait son front avec sa main décharnée; car elle est décharnée, sa main, par contraste avec son gros ventre et sa face bouffie.

— De qui parlez-vous donc comme cela? dit une jeune Russe qui s'était levée pour étaler sa robe sur son panier. Est-ce du baron de Waldemora?

— J'étais en train de dire, répondit Cristiano sans se déconcerter, que cet homme-là n'avait pas trois mois à vivre.

— Oh! alors, s'écria la Russe en riant, il faut vous hâter de l'épouser, Marguerite!

— Gardez le conseil pour vous-même, Olga, répondit la jeune comtesse.

— Hélas! je n'ai pas, comme vous, une tante à qui rien ne résiste! Mais à quoi voyez-vous, monsieur Goefle, que le baron soit si malade?

— A son embonpoint mal réparti, au blanc jaune de son œil vitreux, aux ailes pincées de son nez en bec d'aile, et surtout à quelque chose d'indéfinissable que j'ai éprouvé en le regardant.

— Vraiment? Êtes-vous doué de la seconde vue, comme les habitants du nord de ce pays?

— Je n'en sais rien. Je ne me crois pas sorcier;

mais je crois très-fort qu'il est des organisations plus ou moins sensibles à certaines influences mystérieuses, et je vous réponds que le baron de Waldemora n'en a pas pour longtemps.

— Moi, dit Marguerite, je crois qu'il est déjà mort depuis longtemps, et qu'il réussit, grâce à quelque secret diabolique, à se faire passer pour vivant.

— C'est vrai, qu'il a l'air d'un spectre, reprit Olga ; n'importe, je le trouve beau en dépit de ses années, et il y a en lui un pouvoir fascinateur. Toute la nuit dernière, je l'ai vu en rêve. J'avais peur, et je me plaisais à avoir peur. Expliquez-moi cela.

— C'est bien simple, répondit Marguerite ; le baron est grand alchimiste ; il sait faire des diamatns ! Or, vous nous disiez ce matin que, pour des diamants, vous feriez un pacte avec le diable.

— Vous êtes méchante, Marguerite. Si je disais à quelqu'un qui pût le redire au baron la manière dont vous l'arrangez, vous en seriez très-contrariée, je parie !

— Croyez-vous cela, monsieur Goefle ? dit Marguerite à Cristiano.

— Non, répondit-il. Quel besoin les anges ont-ils de diamants ? N'ont-ils pas les étoiles ?

I. 8.

— Marguerite rougit, et, s'adressant à la jeune Russe :

— Ma chère Olga, lui dit-elle, je vous supplie de dire vous-même au baron que je ne peux pas le souffrir. Vous me rendrez un grand service... Et tenez, la preuve !... Voilà ce bracelet qui vous fait tant d'envie !... Brouillez-moi avec le baron, et je m'engage à vous le donner.

— Oh! oui-da! que dirait votre tante?

— Je lui dirai que je l'ai perdu, et vous ne le porterez pas ici, voilà tout. Tenez, tenez, le baron revient vers nous; c'est pour m'inviter. On recommence le menuet. Je vais refuser. Ma tante est là-bas, absorbée dans une conversation politique avec l'ambassadeur de Russie. Soyez tout près de moi, il faudra bien que le baron vous invite.

En effet, le baron venait avec une grâce sépulcrale renouveler son invitation. Marguerite trembla de tous ses membres lorsqu'il avança la main pour qu'elle y mit la sienne en disant :

— La comtesse Elvéda m'a dit que, maintenant, vous désiriez danser, et je fais recommencer le menuet pour vous.

Marguerite se leva, fit un pas, et, se laissant retomber sur sa chaise :

— Je voudrais obéir à ma tante, dit-elle d'un ton

résolu ; mais vous voyez, monsieur le baron, que je ne le puis, et je ne pense pas que vous ayez l'intention de me soumettre à la torture.

Le baron fit un mouvement de surprise. C'était un homme intelligent, fort bien élevé et méfiant à l'excès. La comtesse ne l'avait pas tellement trompé, qu'il ne fût prêt à voir clair au moindre indice, et l'aversion de Marguerite était si manifeste, qu'il se le tint pour dit. Son sourire prit une expression de profond dédain, et il répondit avec une gracieuse ironie :

— Vous êtes mille fois trop bonne pour moi, mademoiselle, et je vous prie de croire que j'en suis profondément touché !

Et, s'adressant aussitôt à Olga, il l'invita et l'emmena par la main, tandis que Marguerite glissait dans l'autre main de la jeune ambitieuse son riche bracelet rapidement détaché.

— Monsieur Gœfle, dit-elle vivement à Cristiano d'une voix tremblante, vous m'avez porté bonheur, je suis sauvée !

— Et pourtant vous êtes pâle, lui dit Cristiano, vous tremblez.

— Que voulez-vous ! j'ai eu peur, et, à présent, je songe à la colère de ma tante, et j'ai peur encore !... Mais c'est égal, je suis délivrée du baron ! Il se vengera de moi, il me fera peut-être mourir ; mais je ne serai pas sa femme, je ne porterai pas son nom, je ne toucherai pas sa main ensanglantée !

— Taisez-vous, au nom du ciel, taisez-vous ! dit mademoiselle Potin, aussi pâle, aussi effrayée qu'elle. On pourrait vous entendre ! Vous avez été brave, et je vous en félicite ; mais, au fond, vous êtes peureuse, et vous voilà exaltée à vous rendre malade. Mon Dieu ! n'allez pas vous évanouir, chère enfant ! Respirez votre flacon !

— Ne crains rien, ma bonne amie, répondit Marguerite, me voilà remise. Est-ce que l'on s'est aperçu de tout cela autour de nous ? Je n'ose encore regarder personne.

— Non, Dieu merci, la ritournelle à grand fracas de l'orchestre a couvert les paroles, et toutes ces demoiselles se sont levées pour la danse. Vous voilà à peu près seule dans ce coin. N'y restez pas en vue. Évitons surtout que votre tante ne vienne vous faire une scène dans l'état où vous êtes. Sortons ; allons dans votre appartement. Donnez-moi le bras.

— Ne vous reverrai-je donc plus ? dit Cristiano avec une émotion qu'il ne put maîtriser.

— Si fait, répondit Marguerite, je veux encore vous parler : dans une heure, vous nous retrouverez...

— Où vous retrouverai-je? Dites!

— Je ne sais... Eh bien, tenez, au buffet!

Tandis que Marguerite s'éloignait, Cristiano quittait le salon par une autre porte et s'orientait de son mieux vers le lieu du rendez-vous, afin de n'être pas retardé par une vaine recherche quand le moment serait venu. D'ailleurs, le mot de buffet avait réveillé en lui une sensation qui, en dépit de l'intérêt attaché par lui à son aventure, le torturait depuis son entrée au bal.

— S'il n'y a là personne, se disait-il, je vais faire une terrible brèche aux victuailles de monseigneur.

Pendant qu'il se dirige vers ce sanctuaire, sachons ce qui se passe au salon.

IV

Certes, le baron n'aimait pas la danse, et sa corpulence ne se prêtait guère aux entrechats : toutefois on avait, dans ce temps-là, des *danses nobles,* auxquelles se mêlaient, par savoir-vivre, les personnes les plus graves. Le baron, veuf depuis longtemps, n'avait guère donné de fêtes tant que son futur héritier avait vécu ; mais, voyant son nom destiné à périr avec lui, ses titres et ses richesses menacés de passer à une autre branche de la famille qu'il haïssait, il avait fermement résolu de se remarier au plus vite, et de choisir, non une compagne aimable, dont il n'éprouvait pas le besoin moral, mais une fille fraîche et jeune, capable de lui donner des enfants. En conséquence, il avait remis son manoir sur un pied de luxe et convoqué le beau sexe de sa province, aux seules fins de poser sa couronne baronniale sur la tête la plus réjouissante qui se présenterait de bonne grâce pour la recevoir.

La comtesse Elfride avait cru l'emporter. Ses plans étaient déjoués, le vieux épouseur ouvrait les yeux... Il se sentit ridicule, et jura de se venger de la tante aussi bien que de la nièce; mais à ce serment, rapidement formulé en lui-même, il joignit la résolution de n'être pas joué deux fois, et de faire seul ses affaires en s'adressant à la première fille bien née qui le verrait d'un bon œil. Cette fille, c'était Olga; il n'en put douter lorsqu'elle lui raconta tout bas comme quoi Marguerite lui avait cédé ses droits et prétentions sur son cœur. Elle fit ce caquet avec une grande candeur d'effronterie, et en ayant l'air de plaisanter comme une enfant qu'elle était à beaucoup d'égards, mais en femme que l'ambition dévorait déjà et inspirait à propos. Le baron, qui ne manquait pas d'esprit, soutint le badinage, et parut n'y attacher aucune importance; mais, quand la danse fut finie, au lieu de ramener Olga à sa place, il lui offrit le bras pour la conduire dans la galerie, dont la vaste étendue permettait les apartés, et, là, il lui dit froidement, en prenant sa main brûlante dans ses mains glacées :

— Olga, vous êtes jeune et belle; mais vous êtes pauvre, et de trop bonne famille pour épouser un joli garçon sans naissance. Il ne tient qu'à vous que votre badinage n'en soit pas un. Je vous offre mon nom et un sort brillant. Répondez sérieusement et tout de suite, ou de ce que nous disons là il ne sera plus jamais question.

Olga était, en effet, jeune, belle, pauvre, vaine et avide. Elle saisit l'occasion aux cheveux et accepta sans hésiter.

— C'est bien, je vous remercie, lui dit Olaüs en lui baisant la main. Permettez-moi de ne pas ajouter un mot. Je serais ridicule si je vous parlais d'amour. Cela vous ferait penser que je peux me croire aimé. Nous nous marions, voilà qui est convenu, et nous avons de fortes raisons pour nous y décider l'un et l'autre, voilà qui est certain. Maintenant, si vous tenez à ce que ce mariage se fasse, je vous demande un secret absolu pendant quelques jours, et surtout vis-à-vis de la comtesse Marguerite et de sa tante. Pouvez-vous me le promettre? Songez qu'une indiscrétion romprait entre nous.

Olga avait trop d'intérêt à se taire pour ne pas promettre sincèrement. Le baron la ramena au grand salon.

Leur disparition avait été si courte que, si elle fut remarquée, elle ne put tirer à conséquence. La comtesse d'Elvéda s'en émut pourtant, et vint savoir ce que sa nièce était devenue.

— Ne vous en inquiétez pas, lui dit Olga, elle était ici tout à l'heure.

— Elle se cache, elle s'obstine à ne pas danser !

— Nullement, dit le baron ; elle s'était résignée. C'est moi qui n'ai pas voulu abuser de son obligeance.

Et, offrant le bras à la comtesse, il s'éloigna avec elle pour lui dire qu'il n'entendait pas être aimé par contrainte, qu'il était assez grand garçon pour faire sa cour lui-même, et qu'il la priait de ne plus se mêler de rien, si elle ne voulait lui faire perdre toute espérance et même toute volonté de mariage.

La comtesse se consola de la mercuriale, car c'était la première fois que le baron paraissait décidé à rechercher sa nièce. Tout intrigante et perfide qu'elle était, elle fut la dupe du baron, qui ne songeait plus qu'à la jouer comme elle s'était jouée de lui.

— J'admire, se disait Cristiano en se dirigeant vers le buffet, comme ces personnes de haute intrigue, qui se croient maîtresses des destinées du vulgaire, sont niaises dans leur malice et faciles à duper ! Il doit en être ainsi quand on a pour point de départ, dans une telle vie, le mépris absolu de l'espèce humaine. On ne peut pas mépriser les autres sans se mépriser soi-même, et qui ne s'estime pas dans son œuvre est frappé d'impuissance. Était-elle superbe et comique, cette tante qui me disait tranquillement : « J'ai une nièce à immoler ; aidez-moi vite, vous serez payé : vous aurez une place de premier valet dans une bonne maison ! »

Mais Cristiano fit trêve à ses réflexions philosophiques en entrant dans la salle qu'il cherchait, et qu'il reconnut à une odeur de venaison vraiment délicieuse. C'était une jolie rotonde, où de petites tables volantes étaient destinées, en attendant l'heure du grand souper général, à satisfaire les appétits impatients. Comme, à neuf heures, tout le monde avait grandement fait honneur à la table du baron, la salle était vide, à l'exception d'un laquais profondément endormi que Cristiano se garda bien d'éveiller, dans la crainte de passer pour glouton et mal-appris. Il s'empara, sans chercher et sans choisir, d'une galantine apprêtée à la française ; mais, comme il y enfonçait le couteau à manche de vermeil, la porte s'ouvrit avec fracas, le laquais, éveillé en sursaut, se trouva sur ses pieds, comme mû par un ressort, et M. Stangstadius entra, faisant trembler les cristaux et les porcelaines par l'ébranlement qu'imprimait au parquet sa démarche inégale et violente.

— Eh ! parbleu ! s'écria-t-il en voyant Cristiano, je

suis content de vous trouver là, vous! Je n'aime pas à manger seul, et nous causerons de choses sérieuses en satisfaisant la volonté aveugle de notre pauvre machine humaine... Bah! vous voulez manger debout? Oh! que non, c'est très-défavorable à la digestion, et on ne sent pas le goût de ce qu'on mange... Karl, ouvre-nous cette table, la plus grande... Bien! Et sers-nous du meilleur... Du jambon, des hors-d'œuvre? Non, pas encore! Quelque chose de substantiel, quelques bonnes tranches d'aloyau; après quoi, tu nous choisiras la noix de ton jambon d'ours... Est-ce un jambon de Norvége au moins? Ce sont les mieux fumés... Et du vin, Karl, à quoi songes-tu? Du madère, du bordeaux, et tu y ajouteras quelques bouteilles de champagne pour ce jeune homme, qui doit en être friand... C'est bien, Karl, en voilà assez, mon garçon; mais ne t'éloigne pas, il nous faudra du dessert tout à l'heure.

En commandant de la sorte, M. Stangstadius s'installa le dos au poêle, et se mit à boire et à manger d'une si mirifique manière, que Cristiano, mettant toute honte de côté, se mit à dévorer de toute la puissance de ses trente-deux dents. Quant au savant, qui n'en avait plus qu'une douzaine, il savait si bien s'en servir, qu'il ne demeura pas en arrière, mais sans cesser de parler et de gesticuler avec une singulière énergie. Cristiano, étonné, le comparait intérieurement à un monstre fantastique, moitié crocodile et moitié singe, et il se demandait où était le siége de cette vitalité effrayante dans un corps disloqué, d'une apparence chétive, surmonté d'une tête pointue, aux yeux divergents et à la mobilité insensée.

La conversation du géologue l'aida à résoudre ce problème. Le digne homme n'avait jamais aimé personne, pas même un chien. Toutes choses lui étaient indifférentes en dehors du cercle d'idées où il vivait pour ainsi dire de lui-même, se plaisant, s'admirant, se cajolant, et se nourrissant du parfum de sa propre louange à défaut d'autre chose.

— Voyez-vous, mon cher, disait-il en réponse aux félicitations de Cristiano sur sa magnifique santé, je suis un être que Dieu a fait et ne recommencera pas. Non, je vous jure, il ne le pourra pas ! Je n'ai rien des misères des autres hommes. D'abord, je n'ai jamais connu la grossière et misérable infirmité de l'amour. Je n'ai jamais perdu une minute de ma vie à m'oublier moi-même pour une de ces gentilles poupées dont vous faites des idoles. Une femme de soixante et dix ans ou de dix-huit, c'est absolument la même chose. Quand j'ai faim, si je suis dans une cabane, je mange tout ce que je trouve, et, si je ne

trouve rien, je pense à mes ouvrages, et j'attends sans
souffrir. A une bonne table, je mange de tout, et
tant qu'il y en a, sans être jamais incommodé. Je ne
sens ni chaud ni froid; ma tête brûle toujours, mais
d'un feu sublime qui n'use pas la machine, et qui
tout au contraire la soutient et la renouvelle. Je ne
connais pas la haine ou l'envie ; je sais très-bien que
personne n'en sait plus que moi, et, quant à ceux
qui me jalousent (le nombre en est grand), je les
écrase comme des vers de terre, et ils ne se relèvent
jamais de ma critique. Bref, je suis de fer, d'or et de
diamant, et je défie les entrailles du globe de recéler
une matière plus dure et plus précieuse que celle
dont je suis fait.

A cette déclaration si nette et si franche, Cristiano
ne put se défendre d'un fou rire qui ne déconcerta et
ne fâcha en rien le chevalier de l'Étoile polaire. Tout
au contraire, il prit cette hilarité pour un joyeux
hommage rendu à sa supériorité universelle, et Cristiano vit bien qu'il avait affaire à une sorte d'exalta-
tion très-singulière, et qu'il eût pu définir ainsi : la
folie par excès de positivisme. Il eût été bien inutile
de l'interroger sur les personnes qui intéressaient
Cristiano. M. Stangstadius daigna seulement dire
que le baron de Waldemora avait quelques velléités
de science, mais qu'au fond c'était un crétin. Quant

à Marguerite, il la trouvait stupide d'hésiter à s'enrichir par un mariage quelconque. Il l'épargnait cependant un peu, et avouait qu'elle lui semblait plus aimable que les autres, parce qu'elle était éprise de lui, preuve de bon sens, mais dont il n'avait que faire, vu que la science était sa femme et sa maîtresse en même temps.

— En vérité, monsieur le professeur, lui dit Cristiano, vous me semblez un homme admirablement complet dans votre merveilleuse logique.

— Ah! je vous en réponds, reprit M. Stangstadius. Je suis un autre gaillard que votre baron Olaüs, dont les sots admirent la force et le sang-froid!

— *Mon* baron? Je vous jure que je ne veux rien de lui.

— Moi, je n'en dis ni mal ni bien, répliqua le professeur. Tous les hommes sont plus ou moins de pauvres sires; mais celui-là n'a-t-il pas la prétention d'être un esprit fort et de n'avoir jamais rien aimé?

— Aurait-il réellement aimé quelqu'un? Sa physionomie serait bien trompeuse.

— Je ne sais s'il a aimé sa femme pendant qu'elle était en vie. C'était une méchante diablesse.

— C'était peut-être de l'*admiration* qu'il avait pour elle?

— Qui sait? Elle le menait comme elle voulait.

Tant il y a qu'après sa mort, il ne pouvait plus se passer d'elle, et qu'il vint alors me trouver pour que j'eusse à calciner et à cristalliser madame la baronne.

— Ah! ah! le fameux diamant noir est votre ouvrage?

— Vous l'avez donc vu? N'est-ce pas que c'est un joli résultat? Le lapidaire qui l'a taillé a donné sa langue aux chiens, ne pouvant deviner si c'était un produit de la nature ou de l'art. Il faut que je vous raconte de quelle façon j'ai opéré, et comment j'ai obtenu la transparence. J'ai pris *mon corps*, je l'ai enveloppé d'une nappe d'amiante à la manière des anciens, et je l'ai placé sur un brasier très-ardent, composé de bois, de houille et de bitume, le tout arrosé d'huile de naphte. Quand *mon corps* a été bien réduit...

Cristiano, condamné à subir le récit de la réduction et de la vitrification de madame la baronne, prit le parti de manger vite sans entendre; mais il était rassasié avant que le professeur eût terminé sa démonstration. C'était une grave contrariété pour Cristiano, qui eût bien voulu se trouver seul avec Marguerite et sa gouvernante. La contrariété devint plus vive lorsqu'un flot de jeunes officiers de l'*indelta* envahit la salle.

Ces estomacs septentrionaux ne se contentaient nullement des rafraîchissements et friandises promenés dans le bal. Ils venaient se réchauffer avec les bons vins d'Espagne et de France, et Cristiano trouva enfin dans leur manière de les déguster un cachet particulier à ces hommes du Nord, qu'il n'avait pu constater jusque-là. Dès lors il remarqua en eux une certaine rudesse de manières et une gaieté plus lourde que celle dont il se sentait capable. Par compensation, la franchise et la cordialité de ces jeunes gens lui furent sympathiques. Tous lui firent fête et le forcèrent de boire avec eux jusqu'à ce que, se sentant un peu monté et craignant de se laisser aller à trop d'abandon, il s'arrêtât, admirant avec quelle aisance ces robustes enfants de la montagne engloutissaient les vins capiteux sans en paraître émus le moins du monde.

Aussitôt qu'il put se dégager de leurs amicales provocations, il alla se mettre près de la porte, afin de pouvoir sortir dès qu'il apercevrait Marguerite dans la galerie. Il pensait qu'en voyant cette salle pleine de jeunes gens en train de boire, elle ne voudrait pas entrer ; mais elle vint et entra quand même, et, au bout de quelques instants, d'autres jeunes personnes vinrent avec leurs cavaliers s'asseoir à d'autres tables, où ceux qui les occupaient s'empressè-

rent de leur faire place et de les servir. Alors la
gaieté devint bruyante et cordiale. On oublia de singer
Versailles ; on parla suédois, et même dalécarlien ;
on éleva la voix, et les demoiselles burent du
champagne sans faire la grimace, et même du chypre
et du porto sans craindre de déraisonner. Il y
avait là des frères, des fiancés et des cousins ; on
était en famille, et les relations entre les sexes avaient
une liberté honnête, expansive, un peu vulgaire,
mais en somme touchante par sa chaste simplicité.

— Voilà de bonnes âmes, pensa Cristiano. Pourquoi
diable ces gens-ci, quand ils s'observent, se
posent-ils en Russes ou en Français, quand ils ont
tout à gagner à être eux-mêmes?

Ce qui le charmait dans la petite comtesse Marguerite,
c'est que précisément elle était *elle-même* en
toute circonstance. Certes, mademoiselle Potin l'avait
très-bien élevée en la conservant naturelle et
spontanée. Elle fut particulièrement agréable à Cristiano
en refusant de boire du vin. Cristiano avait des
préjugés.

Pendant qu'on babillait et riait autour de Stangstadius,
dont la table immobile et toujours copieusement
servie était devenue le centre et le but de taquineries
qui ne déconcertaient nullement le personnage,
Marguerite put raconter à Cristiano, sur un ton

de confidence qui ne lui déplut pas, comme on peut croire, que sa tante était toute changée à son égard, et qu'au lieu de la gronder, elle lui avait parlé avec douceur.

— Il faut, ajouta-t-elle, que le baron ne lui ait rien dit de mon algarade, ou que, la sachant, elle ait résolu de s'y prendre autrement pour m'amener à ses fins; tant il y a que je respire, que le baron ne s'occupe plus de moi, et que, si je dois être grondée demain par ma tante, ou renvoyée pour pénitence à ma solitude de Dalby, je veux me divertir cette nuit et oublier tous mes chagrins. Oui, je veux danser et sauter, car figurez-vous, monsieur Goefle, que c'est le premier bal de ma vie, et que je n'ai jamais dansé que dans ma chambre avec la bonne Potin. Aussi je meurs d'envie d'essayer mon petit savoir en public, en même temps que je meurs de peur d'être maladroite et de m'embrouiller dans les figures de la contredanse française. Il me faudrait trouver quelqu'un d'obligeant qui m'aidât à m'en tirer et qui eût l'œil sur moi, pour m'avertir charitablement et adroitement de mes gaucheries.

— Ce quelqu'un-là ne sera pas difficile à trouver, répondit Cristiano, et, si vous voulez vous fier à moi, je réponds que vous danserez comme si vous en étiez à votre centième bal.

— Eh bien, c'est convenu, j'accepte avec reconnaissance. Attendons jusqu'à minuit. Nous organiserons, avec ces messieurs et ces demoiselles qui sont ici, un petit bal à part, dans un bout de la galerie, et peut-être que ma tante, qui danse dans le grand salon avec les plus gros personnages du pays, ne s'apercevra pas de la prompte guérison de mon entorse.

Cristiano commençait à babiller pour son compte avec l'aimable fille, et, un peu exalté par le champagne, sa gaieté tournait insensiblement à la sentimentalité, lorsqu'un nom prononcé tout haut près de lui le fit tressaillir et se retourner vivement.

— Christian Waldo? disait un jeune officier à figure ouverte et enjouée; qui l'a vu? où est-il?

— Oui, au fait! s'écria Cristiano en se levant, où est-il, Christian Waldo, et qui l'a vu?

— Personne, répliqua-t-on d'une autre table. Qui a jamais vu la figure de Christian Waldo, et qui la verra jamais?

— Vous ne l'avez pas vue, vous, monsieur Goefle? dit Marguerite à Cristiano; vous ne le connaissez pas?

— Non! Qu'est-ce donc que ce Christian Waldo, et d'où vient que sa figure est impossible à voir?

— Mais vous avez entendu parler de lui? son nom vous a frappé?

— Oui, parce que déjà ce nom est venu à mes oreilles à Stockholm; mais je n'y ai pas fait grande attention, et je ne me rappelle plus...

— Voyons, major, dit un jeune lieutenant, puisque vous connaissez ce Waldo, expliquez-nous donc ce qu'il est et ce qu'il fait. Moi, je n'en sais rien encore.

— Le major Larrson sera bien habile s'il en vient à bout, dit Marguerite. Pour moi, j'ai déjà entendu dire ici tant de choses sur le compte de Christian Waldo, que je promets d'avance de ne pas croire un mot de ce que nous allons entendre.

— Pourtant, répondit le major, je suis tout prêt à jurer sur l'honneur que je ne dirai rien que je ne sache pertinemment. Christian Waldo est un comique italien qui va de ville en ville, réjouissant les populations par son esprit aimable et son intarissable gaieté; son spectacle consiste...

— Nous savons cela, dit Marguerite, et nous savons aussi qu'il donne ses représentations tantôt dans les salons, tantôt dans les tavernes, aujourd'hui au château, demain dans la hutte, prenant très-cher aux riches et jouant souvent gratis pour le peuple.

— Voilà un plaisant original, dit Cristiano, une espèce de saltimbanque !

— Saltimbanque ou non, c'est un homme extraordinaire, reprit le major, et un homme de cœur, qui plus est ! Je l'ai vu à Stockholm, le mois dernier, tenir bravement tête à trois matelots ivres et furieux, l'un desquels, ayant cruellement maltraité un pauvre mousse, s'était vu arracher sa victime par Christian Waldo indigné. Une autre fois, ce Christian s'est jeté au milieu des flammes pour sauver une vieille femme, et tous les jours il donnait presque tout ce qu'il gagnait à ceux qui excitaient sa pitié. Enfin le peuple des faubourgs l'aimait tant, qu'il a été forcé de partir secrètement, dit-on, pour n'être pas porté en triomphe.

— Et aussi, dit Marguerite, pour n'être pas forcé d'ôter son masque ; car les autorités commençaient à s'inquiéter d'un inconnu si populaire, et à se demander si ce n'était pas un agent de la Russie qui débutait ainsi afin de pouvoir, en temps et lieu, fomenter quelque sédition.

— Vous croyez, dit Cristiano, que ce drôle de corps, car il paraît que c'est un drôle de corps, est un espion russe ?

— Oh ! moi, je ne le crois pas, répondit Marguerite. Je ne suis pas de ceux qui veulent que la bonté et la charité servent à cacher de mauvais desseins.

— Mais ce masque? dit une des jeunes filles qui avaient avidement écouté l'officier : pourquoi ce masque noir qu'il porte toujours pour entrer dans son théâtre et pour en sortir? Est-ce pour représenter l'arlequin italien?

— Non, puisqu'il ne paraît jamais de sa personne dans le spectacle qu'il donne au public. Il a une raison que nul ne sait.

— C'est peut-être, observa Cristiano, pour cacher quelque lèpre?

— D'autres prétendent qu'il a eu le nez coupé, dit un des jeunes gens.

— Et d'autres disent encore, ajouta un troisième interlocuteur, qu'il est le plus joli garçon du monde, et qu'il s'est montré à ses hôtes du faubourg et à quelques personnes qu'il avait prises en amitié.

— Il paraît même, reprit le major, qu'il ne se masque pas du tout dans ce qu'on pourrait appeler son intérieur; mais les avis sont très-partagés sur sa figure. Une jeune batelière, qui en était malade de curiosité, a obtenu qu'il ôtât ce masque, et s'est trouvée mal de frayeur en voyant une tête de mort.

— Décidément ce Waldo est le diable en personne, dit Marguerite, puisqu'il peut, à volonté, se montrer en beau garçon ou en spectre épouvantable

Est-ce que vous n'avez pas envie de le voir, mesdemoiselles?

— Eh bien, et vous, Marguerite?

— Avouons franchement que nous en grillons toutes, ce qui ne nous empêche pas d'en avoir très-grand'peur!

— Et on dit qu'il va venir ici? demanda une des demoiselles.

— On dit même qu'il y est, répondit le major.

— Quoi, vraiment! s'écria Marguerite. Il est arrivé? nous allons le voir? Il est ici, dans le bal peut-être?

— Oh! quant à cela, dit Cristiano, ce serait difficile.

— Pourquoi difficile?

— Parce qu'un saltimbanque n'oserait pas se présenter comme invité dans la bonne compagnie.

— Bah! il paraît que le drôle ose tout, reprit le major. Son masque, son spectacle et son nom ne se quittent pas; mais on prétend, et c'est très-probable, que, sous un autre nom et sans aucun masque, il va et vient, pénètre partout à Sockholm, et que, dans les promenades et les tavernes les mieux fréquentées, on n'est jamais sûr, quand on parle de lui, de ne l'avoir pas à côté de soi, ou de ne pas lui adresser la parole à lui-même.

— Eh bien, alors, reprit Cristiano, que sait-on, en effet? Il est peut-être dans cette chambre!

— Oh! pour cela non! répondit Marguerite après avoir fait de l'œil le tour de l'appartement, toutes les personnes qui sont ici se connaissent.

— Mais, moi, on ne me connaît pas? Je suis peut-être Christian Waldo!

— Eh bien, où est donc votre tête de mort? dit en riant une des jeunes filles. Sans masque et sans tête de mort, vous n'êtes qu'un Waldo apocryphe! A propos, messieurs, quelqu'un nous dira-t-il comment on sait qu'il est arrivé?

— Je peux vous dire, repartit le major, comment je l'ai su, moi. Un inconnu a demandé l'hospitalité ici, on lui a dit d'aller à la ferme parce que la maison était pleine. Il s'est nommé, il a montré la lettre du majordome Johan, qui l'appelle de la part du baron, son maître, pour le divertissement de la société ici rassemblée. Je ne sais pas si on a trouvé un coin pour le loger au château ou ailleurs; mais il est arrivé, le fait est certain.

— Qui vous l'a dit?

— Le majordome lui-même.

— Et il avait son masque?

— Il avait son masque.

— Et est-il grand, gros, bien fait, bancal?

— Je n'ai pas fait ces questions-là, puisque, l'ayant vu de mes yeux, à Stockholm, masqué il est vrai, je savais qu'il est grand, bien pris et leste comme un daim.

— C'est peut-être un ancien danseur de corde? dit Cristiano, qui ne paraissait plus prendre intérêt à la conversation que par complaisance.

— Oh! pour cela, non, dit Marguerite; c'est un homme qui a reçu une très-belle éducation. Tout le monde est frappé du style et de l'esprit de ses comédies.

— Mais qui prouve qu'elles soient de lui?

— Des gens versés dans toutes les littératures anciennes et modernes affirment qu'il n'y a rien de pillé, et ces saynètes bouffonnes, que l'on dit parfois sentimentales aussi, ont été à Stockholm un événement littéraire.

— Croyez-vous que nous l'entendrons demain? demanda-t-on de toutes parts.

— Cela est à présumer, répondit le major; mais, si ces demoiselles sont impatientes de le savoir, j'offre de me mettre à sa recherche et de le lui demander.

— A minuit? dit Cristiano en regardant la pendule. Le pauvre diable doit être endormi! Je croyais que la comtesse Marguerite avait à entretenir l'assistance d'un projet plus sérieux.

— Oui, au fait, s'écria Marguerite, j'ai à vous proposer un petit bal entre nous. Je suis ici une nouvelle venue, une vraie sauvage, je m'en confesse; je ne suis connue de vous que depuis deux ou trois jours; mais toutes les personnes que je vois ici m'ont fait tant d'accueil et de bonnes prévenances, que j'ai le courage d'avouer... ce que M. Goefle va avoir l'obligeance de vous dire.

— Voici le fait, reprit Cristiano : la comtesse Marguerite est, comme elle vous l'a dit elle-même, une vraie sauvage. Elle ne sait rien au monde, pas même danser; elle est disgracieuse au possible, et boiteuse au moins autant que notre illustre maître Stangstadius. En outre, elle est lourde, distraite, myope... Enfin, pour se résigner à danser avec elle, il faut une dose de charité vraiment chrétienne, car...

— Assez, assez! s'écria en riant Marguerite, vous faites les honneurs de ma personne avec une rare humilité; mais je vous en remercie. On doit maintenant s'attendre à quelque chose de si affreux, que, pour peu que je m'en tire à peu près convenablement, on sera enchanté de moi. La conclusion est donc que je voudrais faire mon début en petit comité, et que, si vous le voulez tous, nous allons danser dans la galerie. L'orchestre de la grande salle fait assez de vacarme pour que nous en ayons au moins autant qu'il nous en faut pour nous diriger.

Plusieurs jeunes gens s'étaient déjà élancés vers Marguerite pour lui demander la préférence. Elle les remercia en disant que M. Christian Goefle s'était dévoué d'avance à être la victime.

— Eh! mon Dieu, oui, messieurs! dit gaiement Cristiano en recevant dans sa main gantée la petite main de Marguerite. Plaignez-moi tous, et marchons au supplice!

En un instant, la place fut choisie et la contredanse organisée. Marguerite demanda à n'être pas du quadrille qui commençait.

— Vous voilà singulièrement émue, lui dit Cristiano.

— C'est vrai, répondit-elle. Le cœur me bat comme à un oiseau qui se lance hors du nid pour la première fois, et qui n'est pas bien sûr d'avoir des ailes.

— C'est, je le vois, reprit l'aventurier, un grave événement dans la vie d'une demoiselle, que la première contredanse. Dans un an d'ici, quand vous aurez dansé à une centaine de bals, vous rappellerez-vous par hasard le nom et la figure de l'humble mortel qui a le bonheur et la gloire de diriger vos premiers pas?

— Oui, certes, monsieur Goefle, ce souvenir se trouvera toujours lié à celui des plus grandes émotions de ma vie, la peur du baron et la joie d'être délivrée de lui par un effort de courage dont je ne me croyais pas capable, et que certes votre oncle et vous m'avez inspiré !

— Savez-vous pourtant, dit Cristiano, que je ne suis plus bien certain de votre aversion pour le baron !

— Et pourquoi cela?

— Vous étiez du moins beaucoup plus effrayée de danser en public que de danser avec lui.

— Et pourtant je n'ai pas dansé avec lui et je danse avec vous?

Cristiano serra involontairement les doigts mignons de Marguerite; mais elle crut qu'il ne s'agissait que de se lancer à la danse, et, toute rouge de plaisir et de crainte, elle le suivit dans la joyeuse mêlée, où bientôt elle se sentit aussi rassurée qu'elle avait le droit de l'être par sa grâce et sa légèreté,

— Eh bien, je crois que je n'ai plus peur, lui dit-elle en revenant à sa place, pendant que l'autre quadrille entamait une nouvelle figure.

— Vous voilà beaucoup trop brave, lui répondit Cristiano. J'espérais vous être bon à quelque chose, et je vois que vous sentez si bien pousser vos ailes, que tout à l'heure vous vous envolerez avec le premier venu.

— Ce ne sera toujours pas avec le baron ! Mais dites-moi donc pourquoi vous supposiez que j'exagérais mon éloignement pour lui.

— Eh ! mon Dieu ! je vois que vous aimez passionnément le bal, c'est-à-dire les fêtes et le luxe : toute passion entraîne ses conséquences. Or, si le plaisir est le but, la richesse est le moyen.

— Eh ! me trouvez-vous si sotte et si mal faite, que je ne puisse prétendre à la fortune sans épouser un vieillard ?

— Alors vous avouez que la fortune est pour vous la condition du mariage ?

— Si je disais *oui*, que penseriez-vous de moi ?

— Rien de mal.

— Oui, je serais comme tant d'autres, et vous ne penseriez, par conséquent, de moi rien de bon ?

Cette conversation délicate fut reprise au troisième intervalle de repos du quadrille dont nos deux jeunes gens faisaient partie.

Marguerite provoquait la sincérité de Cristiano.

— Avouez-le, disait-elle, vous méprisez les filles qui se marient pour être riches, comme Olga, par exemple, qui trouve le baron fort beau à travers les facettes des gros diamants de ses rêves.

— Je ne méprise rien, répondit l'aventurier ; je suis né tolérant, ou les facettes de ma vertu, à moi, se sont émoussées au frottement du monde. J'ai de l'enthousiasme pour ce qui est supérieur à l'esprit du monde, de l'indifférence philosophique pour ce qui suit le courant vulgaire.

— De l'enthousiasme, dites-vous ? N'est-ce pas payer bien cher une chose aussi naturelle que le désintéressement ? Je ne vous demande pas tant, moi, monsieur Goefle ; je ne réclame de vous que l'estime. Croyez donc, je vous en prie, que, si je suis libre de mon choix, je consulterai mon cœur et nullement mes intérêts. Dussé-je ne plus jamais avoir de dentelles à mes manchettes et de nœuds de satin à ma robe, dussé-je ne plus jamais danser à la lueur de mille bougies et aux sons de trente violons, hautbois et contre-basses, je me sens capable de faire ces immenses sacrifices pour conserver la liberté de mes sentiments et le bon témoignage de ma conscience.

Marguerite parlait avec feu. Animée par la danse, elle mettait tout son cœur en dehors ; son âme généreuse et romanesque était dans ses yeux brillants, dans son sourire radieux, dans son attitude d'oiseau impatient de repartir vers les nues, dans ses beaux cheveux blonds, qui semblaient se rouler en serpents animés sur ses blanches épaules, dans le son ému de sa voix, enfin dans tout son charmant petit être. Cristiano en eut un éblouissement, et, ne sachant plus ce qu'il disait, il jeta, comme au hasard du rêve, cette bizarre question à Marguerite :

— Pourtant vous n'aimerez jamais qu'un homme de votre rang, et si, en dépit de vous-même, votre cœur parlait pour un pauvre diable, pour un homme sans nom... et sans avoir... pour Christian Waldo, je suppose... vous auriez une grande honte et vous vous croiriez tout à fait brouillée avec votre conscience ?

— Christian Waldo ! dit Marguerite ; pourquoi Christian Waldo ? Vous faites choix d'un exemple bizarre !

— Extrêmement bizarre, et je le fais à dessein. Lorsqu'on procède par antithèse... Voyons, voici celle que je vous soumets : je suppose que ce Christian Waldo, que je ne connais pas du tout, ait la bravoure, l'esprit, le cœur généreux qu'on lui attribuait ici tout à l'heure, avec la misère, qui doit être la compagne fidèle de ses aventures, et un nom qu'il n'a pris, je suppose, en vertu d'aucun parchemin...

— Et avec sa tête de mort?

— Non, sans sa tête de mort. Eh bien, je suppose que, pour vous marier, vous soyez forcée de choisir entre ce personnage et le baron de Waldemora?

— Je prendrais un parti bien simple, qui serait de ne pas me marier du tout.

— A moins que l'on ne découvrît sous le masque de ce Christian un jeune et beau prince, forcé par la raison d'État de se cacher?

— Vous m'en direz tant! répondit Marguerite; un nouveau czarévitch Yvan évadé de sa prison, ou un autre Philippe III échappé à ses assassins!

— Auquel cas, apocryphe ou non, il obtiendrait grâce devant vos yeux?

— Que voulez-vous que je vous réponde? Un bouffon italien n'est vraiment pas un point de comparaison quand il s'agit de parler sérieusement.

— C'est trop juste! répliqua Cristiano; mais voilà le *finale*; qu'il nous soit léger, car c'est la pelletée de terre sur le roman intitulé *la Première Contredanse*.

Mais cette contredanse ne devait pas finir selon les lois de la chorégraphie. M. Stangstadius, ayant enfin terminé le copieux repas qu'il appelait un à-compte entre le souper et le réveillon, venait de sortir de la salle du buffet. Préoccupé de quelque haute pensée mise en éveil par l'agréable travail d'une bonne digestion, il trouva le petit bal sur son chemin et le traversa sans façon, heurtant les cavaliers, qui déployaient leurs grâces à l'avant-deux, et marchant sur les petits pieds des danseuses, comme il eût marché sur des cailloux. Sa claudication prononcée formait un pas si bizarre, que tout le monde se mit à rire. La figure de la danse fut toute dérangée, et, les jeunes couples se prenant par les mains, on forma une ronde rapide et bruyante autour du chevalier de l'Étoile polaire, qui ne voulut pas être en reste de grâces, et s'efforça de sauter à contre-mesure, au grand divertissement de la compagnie; mais, hélas! les rires et les chants montèrent à un tel diapason, qu'on s'en aperçut dans la grande salle.

L'orchestre avait fini sa dernière ritournelle, et la jeune troupe ne s'en apercevait pas. Elle tournait toujours en chantant et en sautant autour de Stangstadius, qui se comparait à Saturne au milieu de son anneau. La comtesse Elfride accourut, et, voyant la soudaine guérison de sa nièce, elle entra dans une colère que, cette fois, elle ne put maîriser.

— Ma chère Marguerite, lui dit-elle d'un ton bref et vibrant, vous faites de grandes imprudences ; vous oubliez que vous avez une entorse, et qu'il est fort dangereux de la mener de ce train-là. Je viens de consulter le médecin de la maison : il vous commande le repos pour cette nuit ; veuillez donc vous retirer avec votre gouvernante, qui vous mettra au lit avec des compresses. Vous n'avez rien de mieux à faire, croyez-moi.

Et elle ajouta tout bas :

— Obéissez !

Marguerite devint pâle, de rouge qu'elle était, et soit contrariété, soit chagrin, elle ne put retenir deux grosses larmes qui brillèrent au bout de ses longs cils et coulèrent le long de ses joues. La comtesse Elfride lui prit vivement la main, et l'emmena en lui disant à voix basse :

— Vous avez juré de ne faire aujourd'hui que des sottises. Il faut les expier. Je vous avais pardonné de ne pas danser avec le maître de la maison : on pouvait vous croire souffrante, en effet ; mais danser avec un autre, c'est faire au baron, de propos délibéré, une impertinence inouïe, et je ne souffrirai pas que vous la prolongiez jusqu'à ce qu'il s'en aperçoive.

Cristiano suivait Marguerite, cherchant un moyen de désarmer ou de distraire la tante, s'il pouvait trouver un moment favorable pour l'aborder, lorsqu'il vit le baron approcher, et il s'arrêta contre le piédestal d'une statue, attentif à ce qui allait se passer entre ces trois personnes.

— Quoi! dit le baron, vous emmenez déjà votre nièce? C'est trop tôt. Il paraît qu'elle commençait à ne plus s'ennuyer chez moi! Je vous demande grâce pour elle, et, puisqu'elle a dansé, à ce qu'on m'assure, je la prie maintenant de danser avec moi. Elle ne peut plus me refuser, et je suis bien certain qu'elle consentira de bonne grâce.

— Si vous l'exigez, baron, je cède, dit la comtesse. Allons, Marguerite, remerciez le baron, et suivez-le; ne voyez-vous pas qu'il vous offre son bras pour la polonaise?

Marguerite sembla hésiter; ses yeux rencontrèrent ceux de Christian, qui certes était partagé entre le désir de la voir rester et la crainte de la voir céder. Ce dernier sentiment l'emporta peut-être dans l'expression de son regard; tant il y a que Marguerite répondit avec fermeté au baron qu'elle était engagée.

— Avec qui, je vous prie? s'écria la comtesse.

— Oui, avec qui? dit le baron d'un ton singulier, dont le calme ne parut pas de bon aloi à Marguerite.

Elle baissa les yeux et se tut, ne comprenant pas ce qui se passait dans l'esprit du persécuteur dont elle s'était cru débarrassée.

Le baron n'avait qu'une pensée, celle de la tourmenter et de la compromettre; il voyait bien l'aversion qu'elle éprouvait pour lui, et il la lui rendait cordialement. Froidement méchant et vindicatif, il affecta de plaisanter mais, parlant assez haut pour être entendu de beaucoup d'oreilles curieuses:

— Où est donc, dit-il, cet heureux mortel à qui je dois vous disputer? car je suis résolu à vous disputer, j'en ai le droit !

— Vous en avez le droit, s'écria Marguerite hors d'elle-même, vous, monsieur le baron?

— Oui, moi, reprit-il avec une effrayante tranquillité de persiflage, vous le savez bien ! Voyons, où est-il, ce rival qui prétend danser avec vous à ma barbe?

— Le voici ! répondit Cristiano perdant la tête et s'élançant vers le baron d'un air menaçant, au milieu d'un silence de stupeur et de curiosité générale.

On savait le baron fort irascible sous son air endormi et blasé. On connaissait son indomptable orgueil. On s'attendait à une scène violente, et, en effet, le baron, devenu tout à coup d'une pâleur verdâtre, clignait ses grands yeux myopes, comme si la foudre allait s'en échapper pour anéantir l'audacieux inconnu qui le bravait si ouvertement ; mais le sang reflua à son front, qui sembla sillonné d'une grosse veine sanglante, tandis que ses lèvres devinrent plus livides que le reste de sa figure. Un cri sourd s'échappa de sa poitrine, ses bras s'étendirent convulsivement, et il s'affaissa sur lui-même en disant :

— Voilà, voilà !

Il serait tombé à terre si vingt bras ne se fussent étendus pour le soutenir. Il était évanoui, et on dut l'emporter vers une fenêtre dont on brisa précipitamment les vitres pour lui donner de l'air. Olga se fit jour à travers la foule pour lui porter secours. Marguerite disparut comme si sa tante l'eût escamotée, et Cristiano fut rapidement emmené par le major Osmund Larrson, qui l'avait pris en amitié.

— Venez avec moi, lui dit cet aimable jeune homme. Il faut que je vous parle.

Quelques instants après, Cristiano se trouva seul avec Osmund dans une antique salle du rez-de-chaussée chauffée par une cheminée immense.

— C'est ici, lui dit le capitaine, que nous avons la liberté de fumer. Tenez, voici un râtelier bien garni; prenez une pipe à votre goût, et puisez dans le pot à tabac. Sur la table, vous voyez la bière la plus succulente du pays et la plus vieille eau-de-vie de Dantzig. Tout à l'heure mes camarades viendront nous donner des nouvelles de l'événement.

— Vous me croyez très-irrité, je le vois, mon cher major, répondit Cristiano; mais vous vous trompez. Je ne demande pas mieux que de donner au baron le temps de se remettre de sa crise, et d'attendre ici, en fumant avec vous, qu'il veuille donner suite à l'explication.

— Pourquoi faire? Pour un duel? répondit le major. Bah! le baron ne se bat jamais; il ne s'est jamais battu! Vous ne le connaissez donc pas du tout?

— Nullement, dit Christian en bourrant tranquillement sa pipe et en se versant un grand cruchon de bière. Est-ce qu'en vrai don Quichotte je me serais adressé à un moulin à vent? Je ne savais pas être si ridicule.

— Vous ne l'avez pas été, mon cher; vous avez même fait, à bien des yeux et aux miens en particulier, un acte audacieux en tenant tête à l'homme de neige.

— Pourtant un homme de neige, j'aurais dû me dire que cela fond aisément !

— Non pas dans notre pays ! de tels hommes restent longtemps debout.

— Ainsi j'ai été héroïque sans le savoir?

— Tâchez de ne pas l'apprendre à vos dépens. Le baron ne tire pas l'épée, mais il se venge, et n'oublie jamais une injure. En quelque lieu que vous soyez, il vous poursuivra de sa haine. Quelle que soit la carrière à laquelle vous vous destinez, il mettra obstacle à votre avancement. Si vous avez quelque affaire désagréable, comme il en peut arriver à tout homme de cœur, il trouvera moyen d'en faire une méchante affaire, et, s'il réussit à vous envoyer en prison, il s'arrangera pour que vous n'en sortiez jamais. Je vous conseille donc de ne pas vous rencontrer chez lui, ou d'être sur vos gardes tant que vous vivrez, à moins qu'il ne plaise au diable de tordre cette nuit le cou à son compère, sous prétexte d'apoplexie foudroyante.

— Croyez-vous que le baron soit si mal? dit Cristiano.

— Nous allons le savoir. Voici mon lieutenant Ervin Osburn, mon meilleur ami, qui certainement partage ma sympathie pour vous. Eh bien, lieutenant, quelles nouvelles de l'homme de neige? Est-ce que le dégel approche?

— Non, ce n'est rien, répondit le lieutenant; du moins, il prétend que ce n'est rien. Il s'est retiré un instant dans ses appartements, puis il a reparu si frais, que je le soupçonne d'avoir mis quelque fard sur ses joues blêmes. C'est égal, il a l'œil éteint et la parole embarrassée. Je me suis approché de lui par curiosité, ce qu'il a pris pour une marque d'intérêt, et il a *daigné* me dire qu'il souhaitait qu'on dansât et qu'on ne s'occupât point de lui davantage. Il est resté assis dans le grand salon, et ce qui me prouve qu'il est plus mal à l'aise qu'il n'en convient, c'est qu'il paraît avoir absolument oublié l'accès de rage qu'il l'a mis en si bel état, et que personne autour de lui n'ose lui en rappeler la cause.

— Alors le bal va reprendre son entrain, dit le major, et vous verrez qu'on s'amusera plus qu'auparavant. Il semble que l'on veuille s'étourdir ici sur quelque prochaine catastrophe, ou que les héritiers qui se trouvent là ne puissent contenir leur joie de voir que, depuis quelque temps, le baron paraît très-malade... Mais dites-nous donc, Christian Goefle, quelle mine vous avez faite à notre aimable baron, ou quel charme vous avez jeté sur lui? Seriez-vous esprit ou sorcier? Êtes-vous l'*homme du lac* qui fascine les gens en les regardant de ses yeux de glace? Qu'y a-t-il entre le baron et vous, et d'où vient qu'en tombant en pamoison il a dit son fameux mot, que j'ai entendu cette fois : « Voilà ! voilà !... »

— Expliquez-le-moi vous-même, répondit Cristiano. J'ai beau chercher, je ne peux me rappeler où j'ai déjà vu ce personnage, et, si cela est, il faut que ce soit dans des circonstances insignifiantes, puisque mon souvenir est si confus. Voyons, a-t-il voyagé en France ou en Italie depuis... ?

— Oh ! il y a longtemps, bien longtemps qu'il n'a quitté les États du Nord !

— Alors je me trompais : j'ai vu le baron aujourd'hui pour la première fois. Et pourtant on eût dit qu'il me reconnaissait... Ne pensez-vous pas qu'en disant : « Voilà, voilà ! » il a pu avoir le délire?

— Cela est certain, dit le major. J'ai dans mon *bostoelle* * un jardinier qui a été à son service, et qui

---

* Le *bostoelle* des officiers de l'*indelta* est une maison et une terre dont ils ont la jouissance, et dont le revenu est proportionnel à leur grade. Ce revenu représente leur traitement. Le presbytère s'appelle aussi *bostoelle*, et le ministre en a la jouissance en outre de son casuel. Le soldat de l'*indelta* a son *torp*, sa maison-

m'a donné des détails assez curieux. Le baron est sujet à des crises que son médecin appelle nerveuses, et qui proviennent d'une maladie du foie déjà ancienne. Dans ces crises, il donne parfois les marques d'une étrange frayeur. Lui, le sceptique et le moqueur, devient pusillanime comme un enfant : il voit des fantômes, et particulièrement celui d'une femme. Alors il s'écrie : « Voilà, voilà ! » ce qui signifie : « Voilà mon accès qui me prend ! » ou bien : « Voilà mon rêve qui m'étouffe ! »

— Ce serait donc un remords ?

— On prétend que c'est le souvenir de sa belle-sœur...

— Qu'il a assassinée ?

— On ne dit pas qui l'ait tuée, mais qu'il l'a fait *disparaître*.

— Oui, le mot est de meilleure compagnie...

— Mais l'un n'est peut-être pas plus fondé que l'autre, reprit le major. Le fait est qu'on n'en sait rien, et que le baron est peut-être fort innocent de maint crime dont on l'accuse. Vous savez que nous vivons ici sur la terre classique du merveilleux. Les Dalé-

---

nette avec un jardin et quelques arpents de terre. L'*indelta* est une armée rurale dont l'excellente organisation, créée par Charles XI, n'a d'analogue nulle part.

carliens ont horreur des choses positives et des explications naturelles. Dans ce pays-ci, on ne se heurte pas contre une pierre sans croire qu'un lutin l'a poussée exprès ; et, si le nez vous cuit, on court chez la sybille pour qu'elle vous ôte le poison du nain qui vous a mordu ; et, si un trait se casse à une voiture ou à un traîneau, le conducteur, avant de le raccommoder, ne manque pas de dire : « Allons, allons, petit lutin, laisse-nous en paix ! nous ne te faisons point de mal. »

» Au milieu de ces esprits superstitieux, vous pensez bien que le baron de Waldemora n'a pu s'enrichir, comme il l'a fait, sans passer pour un alchimiste. Au lieu de supposer qu'il était payé par la czarine pour soutenir les intérêts de sa politique, on a trouvé plus naturel de l'accuser de magie. De cette accusation à celle des plus noirs forfaits, il n'y a qu'un pas : tout sorcier noie dans les cascades, engloutit dans les abîmes, promène les avalanches, conduit le sabbat, et se nourrit pour le moins de chair humaine, modeste en ses appétits féroces s'il se contente de sucer le sang des petits enfants. Quant à moi, j'en ai tant entendu, que je ne peux plus prendre aucun récit au sérieux. Je me borne à croire ce que je sais, et ce que je sais, c'est que le baron est un méchant homme, trop lâche pour frapper un autre homme, trop bien nourri et trop dégoûté pour boire du sang, trop frileux pour guetter les passants sous la glace des lacs, mais capable d'envoyer son meilleur ami à la potence, pour peu qu'il eût un intérêt personnel à le faire, et qu'il n'y eût à dire qu'une parole méchante et calomnieuse.

— Voilà un grand misérable! dit Cristiano; mais permettez-moi d'être étonné de voir chez lui tant d'honnêtes personnes...

— Ah bien, oui! répliqua Osmund sans lui donner le temps d'achever, c'est, en effet, un vilain métier que nous faisons là, de venir nous divertir aux frais et dépens d'un homme que nous haïssons tous. Vous avez pour excuse que vous ne le connaissiez point, tandis que nous autres...

— Je ne faisais pas d'application personnelle, reprit Cristiano.

— Je le sais bien, mon cher; mais vous avez tort d'être étonné qu'un tyran ait une cour. Vous savez sans doute l'histoire de votre pays; seulement, éloigné depuis bien des années, vous avez pu croire qu'un peu d'équilibre s'était fait, avec les progrès de la philosophie, dans l'influence légitime des divers ordres de l'État. Il n'en est rien, Christian Goëfle; rien du tout, vous le verrez bientôt de vos propres yeux. La noblesse est tout : le clergé vient ensuite;

éclairé, austère, mais despotique et intolérant. La bourgeoisie, si utile à l'État et si patriarcale dans ses mœurs, compte peu. Le paysan n'est rien, et le roi moins que rien. Quand un noble est riche, ce qui est rare heureusement, il tient dans sa main tous les intérêts, toutes les destinées de sa province, et c'est pour mener hommes et choses à sa guise ou à leur perte. Sachez donc que, si nous autres, jeunes officiers, nous boudions l'illustre châtelain de Waldemora, nous pourrions bien, non pas perdre notre grade, qui est indélébile à moins de forfaiture, mais être forcés par des persécutions inouïes de quitter nos cantonnements, nos maisons, nos propriétés, nos affections, comme une simple garnison, en dépit des inviolables lois de l'*indelta*.

Deux autres jeunes gens entrèrent pour fumer, et Cristiano se hasarda à leur demander si la comtesse Elfride avait reparu dans le bal.

— Voilà un habile compère! lui répondit l'un d'eux; vous ne nous ferez pas croire que vous vous intéressez à la méchante comtesse d'Elvéda! Mais sachez que son aimable nièce a disparu en même temps que vous, et que sa tante la fait passer pour être très-estropiée.

— Que dites-vous qu'elle a *disparu*? s'écria Cristiano, que le mot épouvanta plus que de raison.

— Voyons! dit vivement le major, êtes-vous inquiet de votre belle, mon cher Goefle?

— Permettez; je ne me donne pas le ton d'appeler ainsi la comtesse Marguerite. Elle est belle, c'est vrai; mais, malheureusement pour moi, elle n'est *mienne* en aucune façon.

— Je n'y entendais pas malice, reprit Osmund. J'ai vu seulement, comme tout le monde, que vous aviez les honneurs de sa première contredanse, et que vous causiez ensemble de bonne amitié. Si vous n'êtes pas amoureux d'elle... ma foi, vous avez tort; et, si elle n'a pas un peu de goût pour vous, elle a peut-être tort aussi, car vous nous paraissez à tous un charmant compagnon.

— Quant à moi, j'aurais parfaitement tort, je vous jure, de regarder avec convoitise un astre trop élevé sur mon horizon.

— Bah! parce que vous n'êtes pas titré? Mais votre famille a été ennoblie, et votre oncle l'avocat est une illustration par son talent et son caractère. En outre, il est riche au moins autant que la belle Marguerite, et elle ne sera pas toujours en tutelle. L'amour aplanit les obstacles, et, quand on a des parents fâcheux, on se fiance en secret. Dans notre pays, ces fiançailles-là sont aussi sacrées que les autres. Donc, si vous voulez pousser votre pointe, nous voilà prêts à vous aider.

— M'aider à quoi? dit Cristiano en riant.

— A obtenir tout de suite une entrevue à l'insu de la tante. Voyons, camarades, qu'en dites-vous? Nous voici quatre de bonne volonté. Je sais, moi, où est situé l'appartement. Nous nous y rendons tout de suite. Si mademoiselle Potin s'effraye, nous lui faisons des compliments... qu'elle mérite, au reste, car c'est une personne charmante! Si une fille de chambre crie, nous l'embrassons et lui promettons des rubans pour sa chevelure. Enfin, nous demandons pour Christian Goefle un entretien sérieux, de la part de M. Goefle, son oncle... Une communication importante! hein? c'est cela. On nous introduit, sans nos pipes, par exemple, dans un petit salon, où nous nous asseyons gravement à l'écart, pendant que Christian Goefle offre son cœur, à voix basse, à *la diva contessina*, ou, s'il est trop timide encore pour se déclarer, il se laisse pressentir, tout en s'informant des dangers que court son incomparable, et en se mettant avec elle en mesure de les conjurer. Je ne ris pas, messieurs! Il est bien évident que madame d'Elvéda veut forcer l'inclination de sa pupille, et que le sournois Olaüs veut la compromettre pour écarter tout autre prétendant. Eh bien, la situation est magnifique pour l'homme qui, en plein bal, a pris fait et cause pour la victime de cette odieuse et ridicule machination. Venez, Christian; venez, messieurs: y sommes-nous? Eh! parbleu! c'est à charge de revanche! Une autre fois, c'est vous, Christian, qui servirez nos honnêtes amours; on se doit cela entre jeunes gens. Où en serions-nous tous, si nous n'étions pas confidents dévoués les uns des autres? En avant! A l'assaut de la citadelle! Qui m'aime me suive!

Tous se levèrent, même Cristiano, enivré de la proposition; mais il s'arrêta sur le seuil de la salle, et arrêta les autres.

— Merci, messieurs, leur dit-il, et comptez que dans l'occasion, je me mettrais au feu pour vous mais il ne m'appartient pas de mettre dans ma vie ce doux chapitre de roman. Rien dans les manières de la comtesse Marguerite avec moi ne m'a autorisé à prendre sa défense, comme je l'ai fait dans un mouvement d'indignation irréfléchie, et rien ne me fait espérer qu'elle m'en sache gré. C'est peut-être tout le contraire, et c'est à M. Goefle l'avocat qu'il appartient de la protéger contre sa tante, en lui faisant connaître ses droits. Ce que j'ai de mieux à faire, puisque ma belle danseuse ne danse plus, et que mon terrible *rival* ne se bat pas, c'est de m'en aller faire un somme dont j'ai grand besoin, étant sur pied depuis plus de vingt-quatre heures.

Cristiano fut approuvé et hautement traité de galant homme. On s'efforça de le retenir et de lui faire boire des spiritueux, ce que l'on supposait être une séduction irrésistible ; mais Cristiano était sobre comme le sont, en général, les habitants des pays chauds. Il voyait la nuit s'avancer, et jugeait prudent de mettre un terme à la comédie jouée jusque-là avec tant de succès. Il serra les mains, fit ses adieux, promit de revenir à l'heure du déjeuner, bien résolu à n'en rien faire, et, sans se laisser interroger sur la partie du château où il avait élu domicile, il reprit lestement et mystérieusement le sentier sur la glace du lac.

Ce fut à dessein qu'il oublia Loki et le traîneau du docteur en droit au château neuf. Il craignait d'être entendu et observé. Il s'en alla, en suivant la rive, jusqu'à ce qu'il fût trop loin pour être vu des fenêtres du château, et arriva à la porte du Stollborg, qu'il avait laissée ouverte, et que personne, Ulphilas moins que tout autre, n'avait songé à venir fermer.

Il prit ces précautions, parce que, à la pâle lumière de la lune, avait succédé la fugitive mais brillante clarté d'une aurore boréale magnifique : je dis magnifique quant au pays où elle se montrait, car elle n'eût été que très-ordinaire sous la latitude du nord de la Baltique ; mais il fallait qu'en cet instant elle brillât d'un bien vif éclat vers les régions polaires, puisqu'elle éclairait toute la campagne et tous les objets autour du lac glacé. La neige, colorée de ses reflets changeants, prenait des tons rouges et bleus d'un ton fantastique incomparable, et Cristiano, avant de rentrer dans la salle de l'ourse, resta encore quelques instants à la porte du préau, ne pouvant, en dépit du froid et de la solitude, s'arracher à ce spectacle extraordinaire.

V

Il était déjà huit heures du matin quand M. Goefle s'éveilla. Il n'avait probablement pas dormi aussi bien qu'à l'ordinaire, car il était fort matinal, et il se scandalisa de lui-même en se surprenant si tard au lit. Il est vrai qu'il avait compté sur le petit Nils pour l'éveiller ; mais Nils dormait à pleins yeux, et M. Goefle, après de vaines tentatives pour lui faire entendre raison, prit le parti de le laisser ronfler tant qu'il voudrait. Il n'y avait plus d'humeur dans le fait du docteur en droit, mais une désespérance complète à l'égard du service sur lequel il pouvait compter de la part de son valet de chambre. En homme résigné, il ralluma son feu lui-même, puis, en homme méthodique et à la lueur d'une bougie qui semblait dormir debout, il fit sa barbe et peigna sa perruque aussi soigneusement et aussi merveilleusement bien que s'il eût eu toutes ses aises. Enfin, sa toilette du matin étant terminée de manière à lui permettre de n'avoir plus qu'un habit à passer en cas de besoin, il remonta sa montre, regarda le ciel, où ne se montrait pas encore la moindre lueur du matin, endossa sa robe de chambre, et, ouvrant ses deux portes, il se mit en devoir d'aller tout préparer dans son salon (la chambre de l'ourse) pour travailler chaudement et tranquillement jusqu'à l'heure du déjeuner.

Mais, comme il approchait du poêle en rabattant de la main devant lui la clarté vacillante de sa bougie, il tressaillit à la vue d'une figure humaine couchée en travers entre le poêle et lui, le corps enfoncé dans le grand fauteuil, la tête renversée en arrière sur le dossier à oreillettes, et les jambes plongées, au niveau du corps dans la grande bouche de chaleur qui s'ouvrait immédiatement au-dessus du foyer du poêle éteint, mais encore chaud.

— Hé! un beau dormeur! une figure superbe! se dit l'avocat, arrêté à contempler le paisible et profond sommeil de Cristiano; quelque fils de famille qui, comme moi, sera venu chercher un refuge au vieux château contre le bruit et l'encombrement du château neuf. Allons, je croyais, j'espérais au moins être seul dans ce lieu maudit; mais il n'y a pas moyen, et je dois me résigner à avoir un compagnon.

Heureusement, celui-ci a une aimable physionomie. Le pauvre garçon a été fort discret, puisqu'il n'a pas fait le moindre bruit, la moindre tentative pour trouver un meilleur lit que ce fauteuil, où il doit avoir les reins brisés !

M. Goefle toucha légèrement la joue de Cristiano, qui fit le mouvement de chasser une mouche et ne s'éveilla pas.

— Il n'a pas eu froid du moins, se dit encore l'avocat : il a une bonne fourrure... toute pareille à ma. pelisse de voyage, oh! mais toute pareille! Où est donc la mienne? Ah! je vois ce que c'est : il l'a trouvée là sur le fauteuil, et il s'est roulé dedans. Ma foi, il a bien fait. Je la lui eusse prêtée de bon cœur, et même je lui aurais cédé le second lit de ma chambre ; M. Nils aurait eu la complaisance de dormir sur le canapé. Je regrette que ce bon jeune homme ait été si discret!... certainement, d'une discrétion, j'ose dire exagérée. C'est un garçon bien élevé, ça se voit, et soigneux de sa toilette, car il a ôté son habit pour dormir : indice d'un caractère posé. Voyons, quelle peut être la profession de ce brave enfant-là? L'habit noir... tout pareil à mon habit de cérémonie, tellement pareil... que c'est le mien, car voici dedans mon mouchoir parfumé au musc, et... Ah! mon invitation au bal lui aura servi. Et... mes gants blancs?

où sont donc mes gants blancs? Ouais! par terre? Ils y sont bien, car ils sont tout fanés. Oh! oh! monsieur le dormeur, vous êtes moins cérémonieux que je ne pensais, et j'ose dire maintenant que vous êtes tout à fait sans gêne. Vous égarez vos malles, ou vous ne vous donnez pas la peine de les faire décharger, et vous puisez sans façon dans celles des autres! Ces plaisanteries-là se font entre jeunes gens, je le sais bien... Je me rappelle un certain bal, à Christiania, où je dansai toute la nuit avec les habits de ce pauvre Stangstadius, qui fut forcé de garder le lit en mon absence, et même toute la journée du lendemain, car je me laissai entraîner... Mais bah! nous étions jeunes dans ce temps-là et je ne suis plus d'âge à permettre... aux autres... de pareilles espiègleries. Holà, holà, monsieur! réveillez-vous et me rendez mon haut-de-chausses et mes bas de soie... Dieu me pardonne! Que de mailles il aura fait partir en dansant, l'animal! Et monsieur ne daigne pas ouvrir les yeux!

En faisant toutes ces réflexions coup sur coup, M. Goefle mit la main sur la défroque que Cristiano avait dépouillée la veille, et que, pressé de dormir au retour du bal, il avait laissée sur une autre chaise. La vue de la culotte râpée, de la cape vénitienne qui montrait la corde et du chapeau tyrolien à ganse fanée, jeta M. Goefle dans un nouvel océan de suppositions. Ce beau jeune homme à la figure distinguée et aux mains fines n'était donc qu'un bohémien quelconque, meneur d'ours apprivoisés, marchand colporteur ou chanteur ambulant? Un chanteur italien? Non, le visage de l'aventurier appartenait sans nul doute au type du pays de Dalum. Un escamoteur,.. trop habile dans son état peut-être? Non, car la bourse de M. Goefle était intacte dans le fond de sa malle, et la figure du dormeur était si honnête! Son sommeil était vraiment celui de l'innocence.

Que penser et que résoudre? L'avocat se grattait la tête. Ce misérable costume était peut-être un déguisement à l'aide duquel le jeune homme avait traversé le pays pour venir en cachette faire le don Juan sous le balcon de quelque belle de passage au château neuf; mais, aucune conjecture n'étant satisfaisante, M. Goëfle prit le parti de réveiller son hôte, en le secouant à plusieurs reprises et en lui criant dans les oreilles : « Hé! hé! oh! oh! Allons, camarade, debout! » et autres interjections à l'usage des dormeurs obstinés et des réveilleurs impatients.

Cristiano ouvrit enfin les yeux, regarda fixement M. Goefle sans le voir, et referma la paupière avec un calme olympien.

— Ah! oui-da! reprit l'avocat, vous voilà reparti pour le pays des songes?

— Eh bien, quoi? Est-ce que l'aurore boréale dure encore? lui demanda Cristiano, évidemment bercé parde riantes visions dans son demi-sommeil.

— Où prenez-vous l'aurore boréale à cette heure-ci? dit M. Goefle. Le soleil va se lever tout à l'heure!

— Le soleil? Qui parle de soleil au milieu d'un bal? murmura Cristiano de cette voix particulièrement douce d'un dormeur qui semble supplier et cajoler pour obtenir la paix.

— Oui, oui, le bal, mon habit, le soleil, ma culotte, l'aurore boréale, c'est très-logique, reprit M. Goefle, et tout cela s'enchaîne très-bien dans vos rêves, mon bon ami; mais je voudrais de meilleures raisons, et je vais vous secouer jusqu'à ce que vous soyez en état de plaider un peu mieux votre cause.

Le bon Cristiano se laissa secouer avec une incomparable mansuétude. L'habitude qu'il avait prise de dormir n'importe sur quelle planche, soit en mer par tous les temps, soit sur les chemins dans toute espèce de véhicule, lui faisait trouver assez agréable le soin que prenait l'avocat de le bercer rudement, comme pour lui donner l'agréable conscience du repos de ses facultés. Peu à peu, cependant, l'idée lui vint de se rendre compte du lieu où il se trouvait. Il rouvrit les yeux, regarda le poêle, puis se retourna pour interroger les sombres parois de la salle.

— Le diable m'emporte, dit-il, si je sais où je suis ! Mais qu'est-ce que cela me fait, au bout du compte ? Aujourd'hui là, demain ailleurs ! Telle est la vie.

— Prenez au moins la peine, lui dit l'avocat, de savoir devant qui vous êtes.

Assez satisfait de cette fière injonction, M. Goefle s'attendait à voir enfin la surprise, la terreur ou la confusion se peindre sur les traits du coupable ; mais il attendait en vain. Cristiano se frotta les yeux, le regarda en souriant, et lui dit du ton le plus affable :

— Vous avez une bonne figure, vous ! Qu'est-ce que vous me voulez donc ?

— Comment, ce que je veux ? s'écria M. Goefle indigné. Je veux ma pelisse, mon bonnet, ma veste, mon linge, ma chaussure, enfin tout ce que vous m'avez pris pour vêtir et enjoliver votre aimable personne !

— Bah ! bah ! vous croyez ça ? Vous rêvez, mon brave homme ! dit l'aventurier en se soulevant sur son siége et en regardant avec étonnement sa garde-robe d'emprunt.

Puis, se mettant à rire au souvenir encore confus de son aventure :

— Ma foi! monsieur Goefle, dit-il, car c'est au respectable et célèbre monsieur Goefle que j'ai l'honneur de parler, n'est-ce pas?...

— Tout me porte à le croire, monsieur. Et puis après?

— Et puis après, reprit Cristiano en se levant tout à fait et en ôtant de dessus sa tête le bonnet du docteur avec une courtoisie parfaite, j'ai à vous demander un million de pardons, tout en reconnaissant que je n'en mérite pas un seul. Que voulez-vous, monsieur! je suis jeune, je suis au dépourvu pour le moment. Une idée romanesque m'a conduit au bal cette nuit; je n'avais pas sous la main d'autre mise décente que celle-ci, envoyée à point par la Providence. Je suis un homme très-propre et très-sain, et, d'ailleurs, s'il ne vous convenait pas de remettre des habits portés par moi, je suis sûr de pouvoir vous les acheter demain pour le prix que vous voudrez bien y mettre.

— Bon! je vous trouve plaisant! Me prenez-vous pour un marchand d'habits?

— Non, certes; mais je serais désolé d'être pris pour un voleur. Je n'en ai pas l'habitude.

— Pardieu! je vois bien que vous êtes un honnête garçon... très-étourdi, par exemple! Et, quand je me fâcherais, la chose n'en serait pas moins faite. Je vois bien que vous n'êtes pas malsain, pardieu! vous êtes d'une carnation magnifique... Et quels cheveux!... Ah! mon gaillard, je reconnais l'odeur de ma poudre!... Mais comment diable êtes-vous allé au bal sans invitation, car vous n'avez pas une tenue de voyage qui annonce,..

— Que j'appartienne à la bonne compagnie, n'est-ce pas?... Oh! dites, je ne suis pas susceptible à cet endroit-là.

— Après tout, je n'en sais rien : l'habit ne fait pas l'homme. Vous avez la main très-aristocratique. Voyons tout de suite : qui êtes-vous? Si c'est un roman, j'aime les histoires romanesques, et si c'est un secret... eh bien, votre figure me plaît, et je vous promets une discrétion... d'avocat, c'est tout dire.

— Je ne doute pas de votre discrétion, monsieur Goefle, répondit Cristiano, et, d'ailleurs, il n'y a pas de secret dans ma vie que je ne puisse dire à un homme d'esprit et à un homme de bien; mais mon histoire est un peu longue, je vous en avertis, et le poêle ne chauffe plus guère... Et puis, à vous dire vrai, quoique j'aie bien soupé la nuit dernière, j'ai toujours l'appétit ouvert aussitôt que les yeux, et je sens déjà des tiraillements...

— Et moi donc, dit M. Goefle, moi qui ai l'habitude de prendre mon thé à la crème dans mon lit, en m'éveillant! Ce balourd d'Ulphilas m'a complétement délaissé! Voici sur la table les mêmes mets qui s'y trouvaient hier au soir.

— Grâce à moi, monsieur Goefle, car je reconnais le jambon et le poisson que j'ai dérobés dans la cuisine de ce bon M. Ulph... Comment l'appelez-vous?

— Ulph pour Ulphilas. C'est très-bien dit. Ici, on abrége tous les noms; on les rend monosyllabiques, dans la crainte apparemment que, quand on appelle les gens, la moitié des mots ne gèle en l'air. Si c'est à vous cependant que je dois d'avoir pu souper hier, il faut conclure que ledit Ulph m'eût laissé mourir de faim, hé! hé! dans cette chambre où il y a une histoire de ce genre?... C'est donc pour lui faire mériter sa réputation, que le drôle voulait me livrer au même supplice?

— Est-ce la baronne Hilda qui est morte ici de faim, monsieur Goefle?

— Tiens, vous avez entendu parler de cela? C'est un conte, Dieu merci. Songeons à déjeuner. Je vais appeler.

— Non, monsieur Goefle; sans doute, Ulph va venir. D'ailleurs, si quelque chose vous manque, j'irai vous le chercher. Il n'est rien de tel que de faire soi-même son menu et son choix ; mais ce jambon d'ours ou de sanglier, cette langue fumée et ce gibier rôti, toutes choses que vous avez à peine entamées hier au soir, ne vous disent-ils plus rien ce matin ?

— Si fait, si fait, et il y a là plus que nous ne mangerons à nous deux. Or donc, puisque le couvert est tout mis, déjeunons, hein ?

— Je ne demande que ça ; mais permettez que je cherche un coin pour faire ma toilette, ou plutôt pour la défaire, car me voilà toujours...

— Dans mes vêtements ? Je le vois parbleu bien ! Restez-y, puisque vous y êtes ; seulement, ôtez la pelisse et remettez l'habit, ou bien vous allez étouffer en mangeant.

Cristiano commença par remplir le poêle de combustible ; après quoi, s'étant lavé les mains et la figure avec beaucoup de soin et de décence dans un coin de la salle, il revint découper les mets froids avec une sorte de *maestria*.

— C'est drôle, lui dit M. Goefle, vous avez toutes les manières de ce qu'on appelle en France, je crois, un parfait gentilhomme, et pourtant vous avez là-bas une casaque...

— Qui sent l'accident et non la misère, répondit tranquillement l'aventurier. Il y a huit jours, j'étais fort proprement nippé, et je n'aurais pas été embarrassé de me présenter au bal.

— C'est possible, répondit M. Goefle en s'asseyant et en commençant à manger à belles dents, de même qu'il est fort possible que vous me prépariez un de ces contes où excellent les aventuriers en voyage. Ça m'est égal, pourvu que le vôtre soit amusant !

— Voyons, dit Cristiano en souriant, dans quelle langue souhaitez-vous que je fasse mon récit?

— Parbleu ! en suédois, puisque c'est votre langue ! Vous êtes Suédois, et même Dalécarlien, je le vois bien à votre figure.

— Je ne suis pourtant pas Suédois, mais plutôt Islandais.

— Plutôt?... vous n'en êtes pas sûr?

— Pas le moins du monde. Aussi, comme le latin est la langue universelle, si vous voulez...

Et Cristiano se mit à parler un latin élégant et correct avec la plus grande facilité.

— C'est très-bien, cela ! dit l'avocat, qui l'écoutait avec une bienveillante attention; mais votre prononciation italienne me retarde un peu pour vous suivre en latin.

— Il en sera peut-être de même en grec et en allemand? reprit Cristiano, qui se mit à parler la langue morte et la langue vivante avec la même aisance et la même correction, mêlant à ces échantillons de son savoir des citations qui montraient en lui un homme versé dans les littératures anciennes et modernes.

— Bravo! s'écria le docteur; vous êtes un garçon fort instruit, je vois ça. Et le français, le savez-vous aussi?

— Le français et l'anglais à votre service, répondit Cristiano : on m'a fait apprendre tout cela, et mon goût me portait à l'étude des langues.

— Eh bien, racontez en français, dit M. Goefle, qui n'était guère moins polyglotte que Cristiano; j'aime l'Italie, mais j'adore la France! c'est notre alliée, utile ou non; c'est surtout l'antithèse de l'esprit russe, que j'ai en exécration.

— Vive Dieu! et moi aussi, je suis antirusse, depuis que je suis en Suède, et particulièrement depuis hier au soir; mais, à présent, j'ai à vous prier, monsieur le docteur, de ne pas me prendre pour un pédant : si j'ai osé faire montre de mes petites connaissances devant un professeur de la faculté de Lund, c'est qu'en remarquant la manière dont je découpais proprement le jambon, vous vous étiez demandé intérieurement si je n'étais pas un ex-Frontin de bonne maison, tombé dans la disgrâce et cherchant à faire des dupes.

— Tiens! vous avez deviné que cette idée me traversait la tête? Eh bien, je m'en confesse, et je vois de reste maintenant que, si vous avez eu de l'emploi dans les bonnes maisons, ce n'est toujours pas à titre de laquais.

— Eh! mon Dieu, monsieur, dit Cristiano, laquais ou professeur, c'est un peu la même chose, à un échelon de plus ou de moins, dans l'esprit de certaines gens.

— Non, pas en Suède, mon ami; diable! non, il n'en est pas ainsi.

— Je le sais, monsieur : votre pays est porté aux études sérieuses, et nulle part les connaissances humaines ne sont plus noblement encouragées dans leur développement; mais ailleurs il arrive souvent...

Ici, Cristiano fut interrompu par l'entrée d'Ulphilas, qui apportait le déjeuner, et qui, en voyant la table servie, s'arrêta stupéfait.

— Tu le vois, ignorant! lui cria gaiement M. Goefle, qui devina le motif de sa surprise : mon *kobold* m'a servi à ta place, et c'est bien heureux pour moi, puisque, depuis douze heures, tu m'avais si complétement oublié.

Ulph ou Ulf (car l'un et l'autre s'écrivent suivant les traductions) essaya de se justifier; mais il avait cherché de telles consolations, la veille au soir, dans la bouteille, qu'il avait l'esprit complétement appesanti, et se rendait difficilement compte des motifs qu'il avait eus pour délaisser son hôte. Aux approches du jour, Ulf se sentait ordinairement calme, et, quand se levait le tardif soleil d'hiver, il en avait pour cinq heures environ à n'être ni plus poltron ni plus maladroit qu'un autre. Ses trop nombreuses libations faisaient bien encore sentir leur effet sur sa cervelle engourdie; mais, comme il n'en remplissait pas moins toutes ses fonctions domestiques avec la régularité d'une machine, cet état n'avait rien de fâcheux pour les autres et rien d'inquiétant pour lui-même. Il balbutia, en dialecte dalécarlien, quelques mots de surprise flegmatique en voyant les mets étalés sur la table et un inconnu attablé avec le docteur.

— Allons, sers monsieur comme moi-même, lui dit celui-ci; c'est un de mes amis avec qui je veux bien partager mon logement.

— C'est bien, monsieur, répondit Ulf; je ne dis pas le contraire, mais c'est le cheval...

— Cheval toi-même ! s'écria Cristiano, qui savait

déjà quelques mots dalécarliens, et qui se sentit menacé d'une terrible révélation.

— Oui, monsieur, cheval moi-même, reprit Ulf avec résignation ; mais le traîneau...

— Quoi, le traîneau ? dit le docteur ; l'as-tu nettoyé ? as-tu pansé mon cheval ?

Le mot *cheval* frappant encore l'oreille de Cristiano, il se tourna vers Ulf et le regarda à la dérobée d'une si terrible manière, que le pauvre hébété perdit la tête, bégaya et répondit :

— Oui, oui, monsieur, cheval, traîneau ! Soyez tranquille.

— Or donc, déjeunons ! dit le docteur rassuré. Apporte-nous du tabac, Ulf, et laisse la bouilloire tranquille. Nous ferons le thé nous-mêmes.

Ulf se pencha vers le poêle pour poser convenablement sa bouilloire. Cristiano l'y suivit, comme pour surveiller l'opération, et, se penchant vers lui, il lui dit en dalécarlien, dans l'oreille, avec un nouveau regard terrifiant : *Cheval, traîneau, château neuf, vite !* Ulf s'imagina que, dans son reste d'ivresse, il avait déjà reçu des ordres qu'il avait oublié d'exécuter. Il se hâta d'aller chausser ses patins, et courut au château neuf pour se mettre en quête de Loki au travers du tumulte des écuries, encombrées de palefreniers et de quadrupèdes.

Le docteur en droit ne mangeait pas gloutonnement comme le docteur ès sciences Stangstadius. Il prenait son temps pour savourer et juger chaque mets en vertu de principes raisonnés sur l'appropriation de l'art culinaire aux besoins élevés des estomacs d'élite. Au bout d'une demi-heure de causerie expérimentative sur ce sujet, lui et Cristiano se regardèrent et trouvèrent mutuellement un reflet rosé sur leurs figures.

— Enfin! dit le docteur, voilà le soleil sorti de l'horizon.

Il regarda sa montre.

— Neuf heures trois quarts, dit-il; allons, cette montre de Mora ne va pas mal! Voyez, ceci est de fabrique indigène. Nos Dalécarliens font de tout; ils fabriquent eux-mêmes tous leurs ustensiles, depuis le plus élémentaire jusqu'au plus compliqué... Mais n'éteignez pas la bougie, elle nous sera commode pour fumer; et puis j'aime assez, en hiver, à voir la clarté solaire et la clarté artificielle des appartements lutter ensemble dans un pêle-mêle de tons doutcux et fantastiques... Tiens, la pendule sonne! Vous l'avez donc remontée hier au soir?

— Certainement. Vous ne vous en étiez pas aperçu?

— Je ne me suis aperçu de rien. Je dormais debout, ou je rêvais. J'ai peut-être rêvé même que j'entrais ici et que je soupais! N'importe. Savez-vous faire le thé?

— Non, mais le café dans la perfection.

— Eh bien, faites-le; je me charge du thé.

— Vous aimez cette boisson fade et mélancolique?

— Oui, en la coupant d'un bon tiers d'eau-de-vie ou de vieux rhum.

— Alors, c'est différent. J'admire, monsieur le docteur, que nous soyons servis ici comme nous le serions à Paris ou à Londres.

— Eh bien, pourquoi pas? sommes-nous au bout du monde? Nous n'avons que six heures de navigation pour être en Prusse, où l'on vit comme à Paris.

— Oui; mais au fond de cette province, à soixante ou quatre-vingts lieues dans les terres, et dans un pays si pauvre...

— Si pauvre! vous croyez qu'un pays est pauvre parce qu'il est peu propre à la culture? Vous oubliez que, chez nous, le dessous de la terre est plus riche que le dessus, et que les mines de la Dalécarlie sont le trésor de la Suède. Vous voyez que cette région, qui touche à la Norvége, est médiocrement peuplée, et vous en concluez qu'elle ne pouvait l'être davantage. Apprenez que, si l'État savait et pouvait s'y mieux prendre, il y aurait dans nos richesses minérales de quoi centupler la prospérité et le nombre des habitants. Un jour, peut-être, tout ira mieux, si nous pouvons nous tirer des griffes de l'Angleterre, qui nous pressure de ses intrigues, et des tenailles de la Russie, qui nous paralyse avec ses menaces. En attendant, sachez, mon enfant, que, s'il y a des pauvres sur la terre, ce n'est pas la faute de cette généreuse terre du bon Dieu, tant calomniée par l'ignorance, l'apathie ou les fausses notions des hommes qui l'habitent. Ici, on se plaint de la rigueur de l'hiver et de la dureté du rocher; mais le cœur de la terre est chaud! Qu'on y descende, et l'on trouvera partout, oui, partout, j'en réponds, le précieux métal qui se ramifie sous nos pieds en veines innombrables. Avec nos métaux, nous pourrions acheter toutes les recherches, tout le luxe, toutes les productions de l'Europe, si nous avions assez de bras pour amener nos richesses à la surface du sol. On se plaint de la terre, et ce sont toujours les bras qui manquent! c'est bien plutôt elle qui devrait se plaindre de nous!

— Dieu me préserve de médire de la Suède, cher

monsieur Goefle ! Je dis seulement que de vastes espaces sont incultes et déserts, et que, la sobriété des rares habitants aidant, le voyageur ne trouve chez eux pour tout régal que du gruau et du lait, nourriture saine à coup sûr, mais peu propre à enflammer l'imagination et à retremper le caractère.

— Voilà encore où vous vous trompez complétement, mon cher ! Ce pays-ci est ce qu'on peut appeler la tête et le cœur de la Suède, une tête exaltée pleine de poésies étranges et de rêves sublimes ou gracieux, un cœur ardent, généreux, où bat la grosse artère du patriotisme. Vous savez bien l'histoire de ce pays ?

— Oui, oui ! Gustave Vasa, Gustave-Adolphe, Charles XII, tous les héros de la Suède, ont trouvé des hommes au fond de ces montagnes, alors que le reste de la nation était asservi ou corrompu. C'est de ce glorieux coin de terre, de cette Helvétie du Nord, que sont sortis, dans toutes les grandes crises, la foi, la volonté, le salut de la patrie.

— A la bonne heure ! Eh bien, convenez donc que la bouillie d'avoine et la roche aride et glacée peuvent engendrer et nourrir des poëtes et des héros.

En parlant ainsi, le docteur en droit serra autour de lui sa moelleuse douillette ouatée, et versa dans son thé brûlant et bien sucré un demi-flacon de rhum de première qualité. Cristiano savourait un moka exquis, et tous deux se mirent à rire de leur enthousiasme pour le froid de la montagne et le gruau des chaumières.

— Ah! dit M. Goefle en reprenant son sérieux, c'est que nous sommes des hommes dégénérés! Il nous faut des excitants, des toniques, à nous autres! C'est ce qui prouve que le plus habile et le plus haut famé d'entre nous ne vaut pas le dernier paysan de ces montagnes sauvages!... Mais voyez si cet animal d'Ulphilas nous apportera du tabac! Ce garçon-là est une véritable brute!

Cristiano se mit encore à rire, et M. Goefle, voyant qu'il ne pouvait sans inconséquence faire l'éloge de la sobriété et de l'égalité en ce moment-là, prit le parti de s'apaiser en voyant le pot à tabac à côté de lui. Ulf l'avait apporté en vertu de sa précision mécanique, et n'avait pas su le lui dire, en raison de son manque absolu de spontanéité.

— Eh bien, voyons, dit M. Goefle en se renversant dans le fauteuil pour digérer commodément, tout en fumant une magnifique pipe turque dont il appuya la capsule sur une des saillies du poêle, tandis que Cristiano, tantôt debout, tantôt assis, tantôt à cheval sur sa chaise, fumait sa petite pipe de voyage avec plus de hâte et moins de recueillement; voyons, mon camarade problématique, racontez-moi, s'il se peut, votre véridique histoire.

— La voici, dit Cristiano... Je me nomme, ou du moins l'on me nomme *Cristiano del Lago.*

— Christian ou Chrétien du Lac? Pourquoi ce nom romantique?

— Ah voilà! *chi lo sa?* comme on dit chez nous. C'est tout un roman où il n'y a sans doute pas un mot de vrai. Je vous le dirai tel qu'il m'a été raconté à moi-même.

» Dans un pays que j'ignore, au bord d'un lac petit ou grand, dont je n'ai jamais su le nom, une dame laide ou belle, riche ou pauvre, noble ou roturière, mit au monde, par suite d'un amour légitime ou d'un accident regrettable, un enfant dont il était apparemment très-nécessaire de cacher l'existence. A l'aide d'une corde et d'un panier (ce détail est précis), cette dame ou sa confidente descendit le pauvre nouveau-né dans un bateau qui se trouvait là par hasard ou par suite d'une convention mystérieuse. Ce qu'il advint de la dame, nul n'a pu me le dire, et où m'en serais-je enquis? Quant à l'enfant, il fut porté fort secrètement je ne sais où et nourri je ne sais comment jusqu'à l'âge de sevrage, époque à laquelle il fut encore porté, je ne sais par qui, dans un autre pays...

— Je ne sais lequel! dit en riant M. Goefle. Voilà des renseignements un peu vagues, et je serais fort embarrassé, avec cela, de vous faire gagner votre cause!

— Ma cause?

— Oui; je suppose que vous plaidiez pour reconquérir votre nom, vos droits, votre héritage!

— Oh! soyez tranquille, monsieur Goefle, reprit Cristiano, vous n'aurez jamais rien à plaider pour moi. Je ne suis pas atteint de la folie ordinaire des aventuriers à naissance mystérieuse, qui, tout au plus, veulent bien consentir à être fils de rois, et passent leur vie à chercher par le monde leur illustre famille, sans jamais se dire qu'ils lui seraient probablement plus incommodes qu'agréables. Quant à moi, si je suis par hasard de noble famille, je l'ignore et ne m'en soucie guère. Cette indifférence fut partagée ou plutôt me fut inspirée par mes parents adoptifs.

— Et qui furent vos parents adoptifs?

— Je n'ai connu et ne me rappelle ni ceux qui me reçurent de la fenêtre dans le bateau, ni ceux qui me mirent en nourrice, ni ceux qui me portèrent en Italie, toutes gens dont je ne saurais rien vous dire, et qui peut-être étaient une seule et même famille, ou une seule et même personne. Je n'ai connu pour véritables parents adoptifs que le signor Goffredi, antiquaire et professeur d'histoire ancienne à Pérouse, et son excellente femme Sofia Goffredi, que j'ai aimée comme une mère.

— Mais d'où et de qui ces braves Goffredi vous tenaient-ils en dépôt? Ils ont dû vous le dire...

— Ils ne l'ont jamais su. Ils possédaient une petite fortune, et, n'ayant pas d'enfants, il avaient plusieurs fois manifesté l'intention d'adopter un pauvre petit orphelin. Un soir de carnaval, un homme masqué se présenta devant eux et tira de dessous son manteau l'individu qui a l'honneur de vous parler, lequel ne se souvient pas le moins du monde de l'aventure et ne put rien expliquer, vu qu'il parlait une langue que personne ne pouvait comprendre.

— Mais, dit l'avocat, qui écoutait ce récit avec l'attention qu'il eût apportée à examiner une cause judiciaire, quelles paroles prononça l'homme masqué en vous présentant au professeur Goffredi et à sa femme?

— Les voici telles qu'on me les a rapportées : « Je viens de loin, de très-loin! Je suis pauvre, j'ai été forcé de dépenser en route une partie de l'argent qui m'avait été confié avec cet enfant. J'ai cru devoir le faire, ayant reçu l'ordre de le conduire loin, très-loin de son pays et du mien. Voici le reste de la somme. J'ai appris que vous cherchiez un enfant, et je sais que vous le rendrez heureux et instruit. Voulez-vous prendre ce pauvre orphelin ? »

— Le professeur accepta ?

— Il accepta l'enfant et refusa l'argent. « Si je cherche un enfant à élever, dit-il, c'est pour lui faire du bien et non pour qu'il m'en fasse. »

— Et il n'eut pas la curiosité de s'informer... ?

— Il ne put s'informer que d'une chose, à savoir si personne ne viendrait lui réclamer l'enfant, parce qu'il le voulait *bien à lui*, et ne se souciait pas de s'y attacher pour se le voir enlever un jour ou l'autre. L'inconnu jura que jamais personne ne me réclamerait, et la preuve, dit-il, c'est que je l'ai amené de plus de cinq cents lieues d'ici, afin que toute trace de lui fût à jamais perdue. L'enfant, dit-il, courrait les plus grands dangers, même ici peut-être, si l'on pouvait savoir où il est. Ne me faites donc pas de questions, je ne vous répondrais pas.

» Et il insista pour que l'on prît la petite somme, qui se montait à une valeur de deux à trois cents sequins.

— En monnaie d'Italie ?

— En monnaie d'or étrangère, mais de différents pays, comme si l'inconnu eût traversé toute l'Europe et pris soin de réaliser la somme avec toute sorte de pièces, afin de dérouter les recherches et les suppositions.

» On lui objecta qu'il était pauvre; il l'avait dit, et tout son extérieur l'annonçait. On trouvait juste qu'il fût indemnisé d'une longue route et de la peine qu'il avait prise d'exécuter ponctuellement les ordres relatifs à mon éloignement; mais il refusa cette offre avec une obstination austère. Il disparut très-brusquement, disant, pour se soustraire aux questions, qu'il reviendrait le lendemain. Cependant il ne revint pas; on ne l'a jamais revu, on n'a jamais entendu parler de lui, et je restai ainsi confié, ou, pour mieux dire, abandonné, grâce au ciel, aux soins de M. et madame Goffredi.

— Mais l'histoire du lac, de la fenêtre et du bateau, où diable l'avez-vous prise?

— Attendez! Quand j'eus cinq ou six ans (je paraissais en avoir quatre ou cinq quand je fis mon entrée à Pérouse sous le manteau de l'homme masqué), je fis une chute, et l'on me crut tué. C'était peu de chose; mais, parmi les amis de ma famille adoptive qui venaient s'informer de moi, il se glissa un petit juif, baptisé ou non, qui faisait commerce d'objets d'art et d'antiquailles avec les étrangers, et qui était fixé à Pérouse. Mes parents n'aimaient pas ce juif parce qu'il était juif, et qu'on a, en Italie comme ici, de grandes préventions contre cette race. Il s'informa de moi avec sollicitude et demanda même à me voir pour s'assurer de mon état.

» Un an plus tard, comme nous avions passé l'été à la campagne, il vint, dès notre retour en ville, s'informer encore de moi et voir par ses yeux si j'avais grandi et si j'étais bien portant. On s'étonna alors tout à fait, et on lui demanda quelle sorte d'intérêt il me portait, en le menaçant de lui fermer la porte s'il ne donnait une explication satisfaisante de sa conduite, car on m'aimait déjà, et on craignait que je ne fusse enlevé par ce juif. Il avoua alors ou inventa de dire qu'il avait par hasard donné asile à l'homme masqué le jour où il m'avait apporté dans la ville, et qu'il lui avait arraché diverses confidences relatives à moi. Ces confidences vagues, invraisemblables et ne menant à rien, sont celles que je vous ai dites au commencement de mon histoire, et auxquelles il n'y a pas lieu probablement d'accorder la moindre créance. Ma mère adoptive ne fit que s'en amuser; mais, trouvant dans l'aventure quelque chose de romanesque, elle me donna le surnom de *del Lago*, qui est devenu pendant longtemps mon nom véritable.

— Mais le nom de baptême Christian, Christin, Christiern, Chrétien ou Cristiano, qui vous l'avait donné?

— L'homme masqué, sans en ajouter aucun autre.

— Parlait-il italien, cet homme?

— Mal, et la peine qu'il avait eue à s'expliquer n'avait pas peu contribué au mystère qui m'enveloppait.

— Mais quel accent avait-il?

— Le professeur Goffredi ne s'était jamais occupé que de langues mortes; sa femme, très-instruite aussi, connaissait beaucoup de langues vivantes : pourtant il lui fut impossible de dire à quelle nationalité on devait attribuer l'accent de l'homme masqué.

— Et le petit juif, qu'en pensait-il?

— S'il en pensait quelque chose, il ne l'a jamais voulu dire.

— Vos parents étaient bien certains qu'il n'avait pas joué lui-même le rôle de l'homme masqué?

— Très-certains. L'homme masqué était d'une taille ordinaire, et le juif n'avait pas cinq pieds de haut. La voix, l'accent, n'avaient rien d'analogue.

Je vois, monsieur Goefle, que, comme mes pauvres Goffredi, vous vous posez toute sorte de questions sur mon compte ; mais qu'importe la solution, je vous le demande ?

— Oui, au fait, qu'importe ? répondit M. Goefle. Vous ne valez peut-être pas la peine que je me donne depuis une heure pour vous faire retrouver votre famille. Allons, c'est une préoccupation qui tient aux habitudes de ma profession ; n'en parlons plus, d'autant que, dans tout ce que vous m'avez dit, il n'y a pas le moindre fait précis sur lequel on pût baser un échafaudage de déductions savantes et ingénieuses. Pourtant, attendez. Que fit-on de la somme apportée par l'homme masqué ?

— Mes braves parents, s'imaginant que ce pouvait être le prix d'un rapt, d'un crime quelconque, et jugeant que cela ne pouvait me porter bonheur, s'empressèrent de déposer toutes ces pièces étrangères dans le tronc des pauvres de la cathédrale de Pérouse.

— Mais vous parliez déjà, vous l'avez dit, une langue quelconque quand vous fûtes amené là ?

— Sans doute ; mais je l'oubliai vite, n'ayant plus personne à qui la parler. Je sais seulement qu'à un an de là, un savant allemand, qui était en visite chez nous, chercha à éclaircir le mystère. J'eus beaucoup de peine à retrouver quelques mots de mon ancienne langue. Le linguiste déclara que c'était un dialecte du Nord et quelque chose qui ressemblait à de l'islandais ; mais ma chevelure noire démentait un peu cette version. On renonça à savoir la vérité. Le désir de ma mère adoptive était de me faire perdre tout souvenir d'une autre partie et d'une autre famille. Vous pensez bien qu'elle n'eut pas de peine à y parvenir.

— Encore une question, dit M. Goefle. Je ne m'intéresse à un récit qu'autant que j'en saisis bien le point de départ. Ces souvenirs, qui s'effacèrent naturellement, et que, d'ailleurs, on s'efforça de vous faire perdre, il ne vous en reste absolument rien?

— Il m'en reste quelque chose de si vague, que je ne saurais le distinguer d'un rêve. Je crois voir un pays bizarre, sauvage, plus grandiose encore que celui-ci.

— Un pays froid?

— Cela, je n'en sais rien. Les enfants ne sentent guère le froid, et je n'ai jamais été frileux.

— Et quoi encore dans votre rêve? Du soleil ou de la neige?

— Je ne sais. De grands arbres, des troupeaux, des vaches peut-être.

— De grands arbres, ce n'est pas l'Islande. Et du voyage qui vous amena en Italie, que vous est-il resté?

— Absolument rien. Je crois que mon compagnon ou mes compagnons m'étaient inconnus au départ.

— Alors continuez votre histoire.

— C'est-à-dire que je vais la commencer, monsieur Goefle; car, jusqu'ici, je n'ai pu vous parler que des circonstances mystérieuses dont, comme disent les poëtes, *mon berceau* fut environné. Je vais prendre le récit de ma vie au premier souvenir bien net qui m'ait frappé; ce souvenir, n'en soyez point scandalisé, monsieur Goefle, c'est celui d'un âne.

— D'un âne!... Quadrupède ou bipède?

— D'un véritable âne à quatre pieds, d'un âne en chair et en os; c'était la monture favorite de la bonne Sofia Goffredi, et il s'appelait *Nino*, diminutif de Giovanni. Or, cet âne me fut si cher, que j'ai donné à celui qui me sert maintenant pour porter mon bagage le nom de *Jean*, en souvenir de celui qui fit les délices de ma première enfance.

— Ah! ah! vous avez un âne?... C'est donc celui qui m'a rendu visite hier au soir?

— Et c'est donc vous qui l'avez fait mettre à l'écurie?

— Précisément. Il paraît que vous aimez les ânes?

— Fraternellement... Aussi je pense, depuis un quart d'heure, que le mien n'a peut-être pas déjeuné... Ulf en aura eu peur; il l'a peut-être chassé du château. L'infortuné erre peut-être en ce moment dans la glace et la neige, faisant retentir de sa voix plaintive les insensibles échos! Je vous demande pardon, monsieur Goefle, mais il faut que je vous quitte un moment pour m'enquérir du sort de mon âne.

— Drôle de corps! répondit M. Goefle. Eh bien, allez vite, et en même temps vous donnerez un coup d'œil à mon cheval, qui vaut bien votre âne, soit dit sans vous offenser; mais est-ce que vous allez courir comme ça à l'écurie avec mon habit de soirée et mes bas de soie?

— J'aurai si tôt fait!

— Du tout, du tout, mon garçon; d'ailleurs, vous attraperiez du mal. Prenez mes bottes fourrées et ma pelisse; allez vite, et revenez de même.

Cristiano obéit avec reconnaissance, et trouva Jean de fort bonne humeur, toussant moins que la veille, et mangeant bien en compagnie de Loki, qu'Ulf venait de ramener du château neuf.

Ulf regardait l'âne avec stupeur; il commençait à

se dégriser un peu et à soupçonner que l'animal tranquillement pansé par lui le matin n'était peut-être pas un cheval. Cristiano, qui avait appris la veille, en faisant la récolte de son souper, à quel poltron superstitieux il avait affaire, lui fit, en italien, avec des gestes menaçants, des yeux terribles et une pantomime bizarre, les plus fantastiques menaces dans le cas où il ne respecterait pas son âne comme une divinité mythologique. Ulf, épouvanté, se retira en silence après avoir salué l'âne et son maître, le cerveau plein de réflexions qui ne pouvaient aboutir, et que les spiritueux du soir devaient résoudre en terreurs nouvelles et en imaginations de plus en plus étranges.

— Or donc, dit Cristiano en reprenant sa pipe, son récit et la chaise qu'il chevauchait dans la salle de l'ourse, l'âne de madame Goffredi fut mon premier ami. Je crois que nul âne au monde, pas même le mien, n'eut jamais de si belles oreilles et une si agréable démarche. Ah! monsieur Goefle, c'est que, la première fois que cette paisible allure et ces deux longues oreilles éveillèrent le sens de l'attention dans ma cervelle engourdie, je fus en même temps instinctivement frappé d'un des plus beaux spectacles de l'univers. C'était au bord d'un lac : les lacs, vous le voyez, jouent un rôle important dans ma vie; mais quel lac, monsieur! le lac de Pérouse, autrement dit de Trasimène! Vous n'avez jamais été en Italie, monsieur Goefle?

— Non, à mon grand regret; mais, en fait de lacs, nous en avons en Suède auprès desquels vos lacs italiens ressembleraient à des cuvettes.

— Je ne dis pas de mal de vos lacs; j'en ai vu déjà plusieurs. Ils sont beaux probablement en été. En hiver, avec leurs *mjelgars* (c'est ainsi, n'est-ce pas? que vous appelez ces immenses éboulements sablonneux qui arrivent sur le rivage avec leurs arbres verts, leurs rochers et leurs bizarres déchirures), je conviens qu'ils sont encore très-extraordinaires. Le givre et la glace qui enchaînent toutes ces formes étranges, et qui, du moindre brin d'herbe, font une guirlande de diamants; ces inextricables réseaux de ronces que l'on prendrait pour de savants et immenses ouvrages en verre filé; ce beau soleil rouge sur tout cela; ces cimes déchiquetées là-haut qui brillent comme des aiguilles de saphir sur la pourpre du matin.... oui, je reconnais que cette nature est grandiose, et que ce que je vois de cette fenêtre est un tableau qui m'éblouit; mais il m'éblouit, monsieur, et c'est là toute la critique que j'en veux faire. Il m'exalte, il m'élève au-dessus de moi-même... C'est beaucoup sans doute que l'enthousiasme; mais est-ce là toute la vie? L'homme n'a-t-il pas un immense besoin de repos, de contemplation sans effort, et de cette rêverie molle et délicieuse que nous appelons chez nous le *far niente?* Or, c'est là-bas, sur le Trasimène, qu'on se sent magnifiquement végéter. C'est là que j'ai poussé tout tranquillement et sans crise violente, moi, fétu transporté de je ne sais quelle région inconnue sur ces rives bénies du soleil, sous le clair ombrage des vieux oliviers, et comme baigné incessamment dans un fluide d'or chaud!

« Nous avions (hélas! je dis *nous!*) une petite maison de campagne, une *villetta,* sur le bord d'un ruisseau appelé le *Sanguineto,* ou *ruisseau de Sang,* en souvenir, dit-on, du sang versé et ruisselant par la campagne à la fameuse bataille de Trasimène. Nous passions là toute la belle saison dans une oasis de délices champêtres. Les ruisseaux ne charrient plus de cadavres, et les ondes du Sanguineto sont limpides comme le cristal. Pourtant mon brave père adoptif était absorbé par l'unique préoccupation de rechercher des ossements, des médailles et des débris d'armure, que l'on trouve encore en grande quantité, dans l'herbe et les fleurs, sur les rives du lac. Sa femme, qui l'adorait (et elle avait bien raison), l'accompagnait partout, et moi, le gros garçon insouciant, que l'on daignait adorer aussi, je me roulais dans le sable tiède, où je rêvais, balancé par le pas régulier de *Nino,* sur les genoux de mon aimable mère.

» Peu à peu, je vis et compris la splendeur des jours et des nuits dans cette douce contrée. Ce lac est immense, non qu'il soit aussi étendu que le moindre des vôtres, mais parce que la grandeur n'est pas la dimension. La coupe de ses lignes est si vaste et son atmosphère si moelleuse à l'œil, que ses profondeurs lumineuses donnent l'idée de l'infini. Je ne puis me rappeler sans émotion certains levers et certains couchers de soleil sur ce miroir uni où se reflétaient des pointes de terre chargées de gros arbres arrondis et puissants, et les îlots lointains, blancs comme l'albâtre au sein des ondes rosées. Et la nuit, quelles myriades d'étoiles tremblotaient, sans confusion et sans secousses, dans ces eaux tranquilles ! quelles vapeurs suaves rampaient sur les collines argentées, et quelles mystérieuses harmonies couraient discrètement le long de la rive avec le faible remous de cette grande masse d'eau qui semblait craindre de troubler le sommeil des fleurs ! Chez vous, convenez-en, monsieur Goefle, la nature est violente, même dans son repos d'hiver. Tout dans vos montagnes porte la trace des cataclysmes perpétuels du printemps et de l'automne. Là-bas, toute terre est sûre de conserver longtemps sa forme, et toute plante de mûrir dans le sol où elle a pris naissance. On y respire en quelque sorte avec l'air la douceur des instincts, et l'éternel bien-être de la nature s'insinue dans l'âme sans la confondre et sans l'ébranler.

— Vous avez la corde poétique, c'est fort bien vu, dit M. Goefle; mais les habitants de ces beaux climats ne sont-ils pas malpropres, paresseux et volontairement misérables?

— Dans toute misère, il y a moitié de la faute des gouvernants et moitié de celle des gouvernés; le mal n'est jamais d'un seul côté. C'est ce qui fait, je crois, que le bien ne se fait pas; mais, dans ces beaux climats, la misère engendrée par la paresse trouve son excuse dans la volupté de la vie contemplative. J'ai vivement senti, dès mon adolescence, le charme enivrant de cette nature méridionale, et je l'appréciais d'autant plus que je sentais aussi en moi des accès d'activité fiévreuse, comme si, en effet, je fusse né à cinq cents lieues de là, dans les pays froids, où l'esprit commande davantage à la matière.

— Donc, vous n'étiez pas précisément paresseux?

— Je crois que je ne l'étais pas du tout ; car mes parents me voulaient savant, et, par affection pour eux, je faisais de grands efforts pour m'instruire. Seulement, je me sentais porté vers les sciences naturelles, en même temps que vers les arts et la philosophie, bien plus que vers les recherches ardues et minutieuses de mon savant Goffredi. Je trouvais ses études un peu oiseuses, et ne pouvais me livrer comme lui à une joie délirante, quand nous avions réussi à déterminer l'emploi d'une borne antique et à déchiffrer le sens d'une inscription étrusque. Il me laissa, du reste, parfaitement libre de suivre l'impulsion de mes aptitudes, et me fit la plus douce existence qu'il soit possible d'imaginer. Je dois entrer ici dans quelques détails sur cette époque de ma vie où, de l'enfance à la jeunesse, je sentis s'éveiller en moi les facultés de l'âme.

» Pérouse est une ville universitaire et poétique, une des belles et doctes cités de la vieille Italie. On peut y devenir à volonté savant ou artiste. Elle est riche en antiquités et en monuments de toutes les époques ; elle a de belles bibliothèques, une académie des beaux-arts, des collections, etc. La ville est belle et pittoresque ; elle compte plus de cent églises et cinquante monastères, tous riches en tableaux, manuscrits, etc. La place du Dôme est remarquable ; c'est là qu'en face d'une riche cathédrale gothique, d'une fontaine de Jean de Pise, qui est un chef-d'œuvre, et d'autres monuments de diverses époques, se dresse un grand palais dans le style vénitien. C'est un étrange et fier monument du XIIIe ou XIVe siècle, d'une couleur rouge sombre, enjolivé de noirs ornements de fer, et percé avec cette irrégularité fantasque très-méprisée depuis les lignes correctes et la pureté de goût de la renaissance.

» J'aimais de passion la dramatique physionomie de ce vieux palais, que M. Goffredi dédaignait comme appartenant à un âge de barbarie ; il n'estimait que l'antique et les siècles nouveaux qui se sont inspirés de l'antique. Moi, je vous confesserai tout simplement l'immense ennui que tous ces chefs-d'œuvre de même famille, anciens et modernes, firent parfois planer sur mes sentiments d'admiration. Ce parti pris de l'Italie de se recommencer elle-même et de rejeter les époques où son individualité s'est fait jour, entre l'absolutisme des empereurs et celui des papes, est tellement consacré dans l'opinion, que l'on y passe pour un Vandale, si on se permet d'avoir quelquefois de la perfection par-dessus les oreilles *.

» J'étais naïf et spontané ; je me fis bien des fois

---

* Cela est encore vrai pour beaucoup de gens. Au siècle dernier et au commencement de celui-ci, on avait pour les œuvres du moyen âge un mépris général.

rembarrer avec mon amour pour tout ce que l'on appelait indistinctement le *gotico*, c'est-à-dire pour tout ce qui n'était pas du siècle de Périclès, d'Auguste ou de Raphaël. C'est même tout au plus si mon père adoptif consentait à admirer le dernier. Il ne s'enthousiasmait que pour les ruines de Rome, et, lorsqu'il m'y eut conduit, il fut surpris et scandalisé de m'entendre dire que je ne voyais rien là qui pût me faire oublier cette royale fantaisie et ce groupe théâtral de notre *piazza del Duomo*, avec son grand palais rouge et noir, son assemblage de splendeurs variées, et ses petites ruelles tortueuses qui se précipitent tout à coup, d'un air de mystère un peu tragique, sous de sombres arcades.

» J'avais alors quinze ou seize ans, et je commençais à pouvoir expliquer mes goûts et mes idées. Je sus exposer à *mon père* comme quoi je sentais en moi des instincts d'indépendance absolue en matière de goût et de sentiment. J'éprouvais le besoin d'étendre mon admiration ou ma jouissance intellectuelle à tous les élans du génie ou de l'invention de l'homme, et il m'était impossible d'emprisonner ma sensation dans un système, dans une époque, dans une école. Il me fallait, en un mot, la liberté d'adorer l'univers, Dieu et l'étincelle divine donnée à l'homme, dans tous les ouvrages de l'art et de la nature.

» Ainsi, lui disais-je, j'aime le beau soleil et la sombre nuit, notre austère Pérugin et le fougueux Michel-Ange, les puissantes substructions romaines et les délicates découpures sarrasines. J'aime notre paisible lac de Trasimène et la foudroyante cataracte de Terni. J'aime vos chers étrusques et tous vos sublimes anciens; mais j'aime aussi les cathédrales gréco-arabes, et, tout autant que la fontaine monumentale de Trevi, le filet d'eau qui court entre deux roches au fond de quelque solitude champêtre. Chaque chose nouvelle me paraît digne d'intérêt et d'attention, et toute chose m'est chère qui s'empare de mon cœur ou de ma pensée à un moment donné. Ainsi porté à me livrer à tout ce qui est beau et sublime, ou seulement agréable et charmant, je me sens effrayé des exigences d'un culte exclusif pour certaines formes du beau.

» Si vous trouvez cependant, lui disais-je encore, que je suis sur une mauvaise pente, et que ce besoin de développement dans tous les sens soit un dérèglement dangereux, je tâcherai de tout réprimer et de m'absorder dans l'étude que vous me choisirez. Avant tout, je veux être ce que vous souhaitez que je sois; mais vous, mon père, avant de me couper les ailes, examinez un peu s'il n'y a rien dans tout ce vain plumage qui mérite d'être conservé.

» M. Goffredi, quoique très-exclusif dans ses études, était, quant au caractère, la plus généreuse nature que j'aie jamais rencontrée. Il réfléchit beaucoup sur mon compte, il consulta beaucoup la divine sensibilité de sa femme. Sofia Goffredi était ce qu'en Italie on appelle une *letterata,* non pas une femme de lettres, comme on l'entend en France, mais une femme lettrée, charmante, inspirée, érudite et simple. Elle m'aimait si tendrement, qu'elle croyait voir en moi un prodige ; à eux deux, ces excellents êtres décrétèrent qu'il fallait respecter mes tendances et ne pas éteindre ma flamme avant de savoir si c'était feu sacré ou feu de paille.

» Ce qui leur donna confiance en moi, c'est que cette disposition à laisser couler dans tous les sens ma source intellectuelle ne provenait pas d'une inconstance du cœur. J'aimais tous mes semblables avec candeur, mais je ne songeais pas à répandre ma vie au dehors. J'étais exclusivement attaché à ces deux êtres qui m'avaient adopté et que je préférais à tout. Leur société était mon plus grand, je pourrais dire mon unique plaisir en dehors des études variées qui me captivaient.

» Il fut donc décidé que mon âme m'appartenait, puisque c'était, à tout prendre, une assez bonne âme, et on ne m'imposa pas l'instruction universitaire dans toute sa rigueur. On me laissa chercher ma voie et donner libre carrière à l'énorme facilité dont j'étais doué. Fut-ce un tort? Je ne le crois pas. Il est bien vrai que l'on eût pu me doter d'une spécialité qu'im'eût casé pour toujours dans un coin de l'art ou de la science, et que je n'eusse pas connu la misère ; mais de combien de plaisirs intellectuels ne m'eût-on point privé ! Et puis qui sait si les idées positives et mes propres intérêts, bien définis à mes propres yeux, n'eussent pas desséché la religion de mon cœur et de ma conscience? Vous verrez tout à l'heure que Sofia Goffredi n'eut point lieu de regretter de m'avoir laissé être moi-même.

» Je m'étais persuadé d'abord que j'étais né littérateur. Sofia m'enseignait à faire des vers et de la prose, et, encore enfant, j'inventais des romans et rimais des comédies, que notre entourage admirait naïvement. J'eusse pu devenir très-vain, car j'étais excessivement gâté par tous ceux qui venaient chez nous ; mais ma Sofia me disait souvent que, le jour où l'on est satisfait de soi-même, on ne fait plus un seul progrès, et ce simple avertissement me préserva de la sottise de m'admirer. Je vis, d'ailleurs, bientôt que, pour être littérateur, il fallait savoir beaucoup de choses ou nager dans le vide des phrases. Je lus énormément ; mais il arriva que, tout en m'instruisant dans l'histoire et dans les choses de la nature, je me perdis entièrement de vue, et, au lieu de butiner comme l'abeille pour faire du miel et de la cire, je m'envolai dans l'immensité des connaissances humaines pour le seul plaisir de connaître et de comprendre.

» C'est alors que je sentis de grands élans vers les sciences naturelles, et que ma prédilection pour cet emploi de ma vie s'établit dans mon cerveau comme une vocation mieux déterminée que la première. A cette ardeur de comprendre se joignit celle de voir, et je puis dire que deux hommes s'éveillaient en moi, l'un qui voulait découvrir les secrets de la création par amour pour la science, c'est-à-dire pour ses semblables, l'autre qui voulait savourer en poëte, c'est-à-dire un peu pour lui-même, les beautés variées de la création.

» De ce moment, je m'épris de l'idée des lointains voyages. En m'absorbant dans les collections et les musées de Pérouse, je rêvais les antipodes, et la vue d'une petite pierre ou d'une petite fleur desséchée me transportait en imagination au sommet de grandes montagnes et au delà des grandes mers. J'avais soif aussi de voir les grandes villes, les centres de lumière, les savants de mon époque, les collections étendues et précieuses. Sofia Goffredi m'avait enseigné le français, l'allemand et un peu d'espagnol. Je sentais la nécessité d'apprendre les langues du Nord et de n'être un étranger nulle part en Europe. J'appris l'anglais, le hollandais, le suédois surtout, avec une très-grande rapidité. Ma prononciation était défectueuse, ou plutôt elle était nulle. Je m'abstenais de chercher la musique des langues que je ne pouvais entendre parler, comptant sur la justesse de mon oreille et sur la facilité naturelle que j'ai d'imiter les divers accents pour me mettre vite au courant de la pratique quand besoin serait. L'événement n'a pas démenti mes espérances. Il ne me faut pas plus de quinze jours pour parler sans accent une langue que j'ai apprise seul avec mes livres.

» En même temps que j'apprenais les langues, j'apprenais aussi le dessin et un peu de peinture, pour être à même de fixer, par quelques études de ce genre, mes souvenirs de voyage, les sites, les hautes plantes, les costumes, les monuments, tout ce qui ne peut être emporté que dans l'esprit quand la main est inhabile et contrarie le sentiment intérieur. Et puis je lisais aussi les bons écrivains, afin de m'exercer à rédiger clairement et rapidement ; car j'étais souvent choqué du style obscur et confus des livres de voyage ; si bien, monsieur Goefle, qu'à dix-huit ans j'étais tout préparé à devenir, sinon un savant, du moins un homme utile par son savoir, son activité, son aptitude au travail et ses facultés d'observation. Ce fut là le plus beau temps de ma vie, le mieux employé, le plus pur et le plus doux. Ah! s'il avait pu durer quelques années de plus, je serais un autre homme!

» M. Goffredi, qui, plongé dans ses recherches d'antiquaire, ne s'occupait pas directement de mon éducation, mais qui, de temps en temps, me faisait récapituler mes études et m'observait alors avec soin, prit confiance entière dans mon jugement, quand il se fut assuré que je ne perdais pas trop mon temps et ma peine. Il avait d'abord voulu me détourner d'embrasser trop de choses; mais, voyant que mes notions diverses se plaçaient sans trop de confusion dans ma cervelle, il se mit à rêver pour moi et avec moi tout ce que je rêvais. Lui-même avait voyagé avant son mariage, et il projetait une nouvelle tournée archéologique vers des points qu'il n'avait pas explorés. Il nourrissait ce projet surtout depuis un petit héritage qu'il avait fait récemment, et qui lui permettait de renoncer à son emploi de professeur à l'université. Il travaillait depuis dix ans à un ouvrage qu'il ne pouvait compléter sans voir le littoral de l'Afrique et certaines îles de la Grèce. Il faut vous dire qu'il avait le travail pénible et lent, faute d'un style clair et peut-être aussi d'une certaine netteté d'esprit dans l'exposé de ses ingénieuses déductions. C'était un génie à qui le talent manquait.

» Il fut satisfait de la manière dont je rédigeai quelques pages de son travail, et résolut de m'emmener, afin de me mettre à même d'écrire son ouvrage au retour. Je faillis devenir fou de joie, quand il me fit part de cette détermination ; mais ma joie se changea en tristesse à l'idée de laisser seule ma mère adoptive, cette adorable femme qui ne vivait que pour nous, et je demandai à rester avec elle.

» Elle m'en sut gré ; mais elle trouva moyen de nous contenter tous les trois en offrant de venir avec nous, et la proposition fut accueillie avec enthousiasme. On fit donc les préparatifs du départ comme ceux d'une fête. Hélas ! tout nous souriait ! *La Sofia* (vous savez que, chez nous, *le* ou *la* est un superlatif d'admiration et non un terme de mépris) avait l'habitude des longues courses. A la campagne, elle nous suivait partout. Active, courageuse, exaltée, elle ne fut jamais pour nous un embarras. Si nous nous sentions quelquefois las et abattus, elle relevait nos esprits et nous charmait par la gaieté ou l'énergie de son caractère. Elle était encore jeune et forte, et sa laideur disparaissait derrière son angélique sourire de tendresse et de bonté. Son mari la chérissait avec enthousiasme, et, quant à elle, il lui était impossible d'admettre que Silvio Goffredi ne fût pas un demi-dieu, en dépit de sa maigreur, de son dos prématurément voûté et de ses distractions fabuleuses. Quelle âme pure et généreuse, d'ailleurs, dans ce corps fragile et sous ces dehors irrésolus et timides ! Son désintéressement était admirable. Le travail auquel il sacrifiait son emploi et ses habitudes en était la preuve. Il savait bien que de tels ouvrages coûtent plus qu'ils ne rapportent, en Italie surtout, et il ne comptait pas sur le sien pour augmenter sa fortune; mais c'était sa gloire, le but et le rêve de toute sa vie.

» Ma pauvre mère était la plus impatiente de partir. Elle sentait une confiance absolue dans la destinée. Il fut décidé que nous commencerions par visiter les îles de l'Archipel.

» Permettez-moi de passer rapidement sur ce qui va suivre; le souvenir en est déchirant pour moi. En traversant une partie de l'Apennin à pied, mon pauvre père se heurta contre un rocher et se blessa légèrement à la jambe. Malgré nos supplications, il négligea la plaie et continua de marcher les jours suivants. Il faisait une chaleur écrasante. Quand nous arrivâmes au bord de l'Adriatique, où nous devions nous embarquer, il fut forcé de prendre quelques jours de repos, et nous obtînmes qu'il se laissât visiter par un chirurgien. Quelle fut notre épouvante lorsque la gangrène fut constatée ! Nous étions dans un village, loin de tout secours intelligent. Ce chirurgien de campagne, qui ressemblait à une sorte de barbier, parlait tranquillement de couper la jambe. L'eût-il sauvé ou tué plus vite ? En proie à d'horribles perplexités, ma mère et moi, nous ne savions que résoudre. Mon père, avec un courage héroïque, demandait l'amputation, et prétendait faire le tour du monde avec une jambe de bois. Nous n'osions le livrer au scalpel d'un boucher. Je pris le parti de courir à Venise : nous n'en étions qu'à cinquante lieues. Je pris un cheval que je laissai fourbu le soir, pour en acheter un autre à la hâte et continuer ma course. J'arrivai rompu, mais vivant. Je m'adressai à un des premiers hommes de l'art ; je le décidai à me suivre, offrant tout ce que possédait la Sofia. Nous prîmes une chaloupe pour descendre le littoral. Nous arrivâmes avec une célérité qui me remplissait d'espoir et de joie. Hélas ! monsieur, je vivrais mille ans que le souvenir de ce jour affreux me serait, je crois, aussi amer qu'aujourd'hui ? Je trouvai Silvio Goffredi mort, et Sofia Goffredi folle !

— Pauvre garçon ! dit M. Goefle en voyant un ruisseau de grosses larmes jaillir des yeux de Cristiano.

— Allons ! allons ! dit celui-ci en les essuyant à la hâte, on ne devrait pas se laisser surprendre par ces émotions-là ; c'est la preuve qu'on les chasse un peu trop de sa pensée, et elles s'en vengent tout d'un coup en reprenant leurs droits.

» L'habile médecin que j'avais amené ne put guérir ma mère, ni même me donner l'espoir qu'elle guérirait. Seulement, il étudia la nature de son délire et m'enseigna le moyen d'empêcher les crises de fureur. Il fallait satisfaire tous ses désirs pour peu qu'ils eussent une apparence de raison, et, quant aux autres, il fallait tâcher de prendre sur elle l'ascendant et même l'autorité qu'un père exerce sur son enfant.

» Je la ramenai à Pérouse avec le corps de notre pauvre ami, que nous fîmes embaumer afin de le porter dans le mausolée que sa femme rêvait pour lui au bord du lac de Trasimène. Ce que je souffris dans mon cœur pour ramener ainsi mon père mort et ma mère folle dans ce pays que nous avions quitté si gaiement, il n'y avait pas trois semaines, est impossible à dire. Au départ, Sofia riait et chantait tout le long du chemin ; au retour, elle riait et chantait encore, mais de quel air lugubre et de quelle voix déchirante ! Il me fallait la conduire, la raisonner, l'amuser et la persuader comme un enfant, cette femme si intelligente et si forte, que la veille encore je regardais comme mon guide et mon appui ; car j'avais à peine dix-neuf ans, moi, monsieur Goefle !

» Quand les restes de Silvio Goffredi furent déposés dans la tombe, sa veuve fut calme, et l'on pourrait même dire que, dans ce calme excessif et subit, se manifesta l'accomplissement de sa funeste destinée. Je perdis tout espoir en reconnaissant qu'elle était devenue, pour ainsi dire, étrangère à elle-même. Une seule idée l'absorbait, c'était le monument qu'elle voulait faire élever à son cher Silvio. Dès lors il ne fallut lui parler ni l'occuper d'autre chose. Toute espèce de travail pour mon compte me devint impossible, car elle ne dormait pas et me laissait à peine le temps de dormir quelques heures, je ne dirai pas chaque jour, mais chaque semaine. Il ne fallait pas songer à la confier un seul instant à d'autres soins que les miens. Avec tout autre que moi, elle s'irritait et tombait dans des crises épouvantables ; avec moi, elle n'eut pas un seul accès de fureur ou de désespoir. Elle m'entretenait sans cesse non de son mari, il semblait qu'elle n'en eût pas conservé le moindre souvenir particulier, et qu'il fût devenu pour elle un être de raison qu'elle n'avait jamais vu, mais de l'épitaphe, des emblèmes, des statues dont elle voulait décorer sa tombe.

» Elle me fit bien dessiner deux ou trois milliers de projets ; le dernier lui plaisait toujours pendant une ou deux heures ; après quoi, il fallait tout changer comme indigne de la mémoire du *mage*, c'est ainsi qu'elle appelait son cher défunt. Aucun emblème ne répondait à ses idées abstraites et confuses : absorbée dans de profondes méditations, elle venait m'ôter des mains le crayon qu'elle m'y avait mis, et me faisait recommencer, sous prétexte de modification légère, un sujet tout opposé. Vous pensez bien que, la plupart du temps, ces sujets étaient irréalisables, et ne présentaient aucun sens. Comme elle s'inquiétait et s'agitait quand j'y changeais quelque chose, je pris le parti de lui obéir consciencieusement. J'ai eu des cartons pleins de compositions bizarres qui suffiraient à rendre fou quiconque voudrait se les expliquer.

» Quand elle avait passé ainsi plusieurs heures, elle m'emmenait voir les essais en marbre qu'elle avait commandés à tous les statuaires du pays. Il y en avait plein la cour et plein le jardin, et aucun ne lui convenait dès qu'elle le voyait exécuté.

» Une autre préoccupation, que je dus et voulus satisfaire à tout prix, ce fut la matière à employer pour ce monument imaginaire. Elle fit venir des échantillons de tous les marbres et de tous les métaux connus; on exécuta des maquettes de sculpture et de fonderie en si grande quantité, que la maison ne pouvait plus les contenir. Il y en avait jusque sur les lits, et les voyageurs, prenant notre maison pour un musée, venaient la visiter et nous demander l'explication des sujets bizarres qu'ils voyaient représentés. La pauvre Sofia se plaisait à les recevoir et à leur expliquer ses idées. Ils s'éloignaient alors, peinés et attristés d'être venus là, quelques-uns riant et haussant les épaules. Les misérables ! leur ironie me faisait l'effet d'un crime.

» Cependant nos ressources s'épuisaient. M. Goffredi avait laissé à sa femme l'entière jouissance de sa petite fortune, dont je devais hériter un jour. Un conseil de famille s'assembla, autant dans mon intérêt, disait-on, que pour se conformer aux intentions de mon père à mon égard. Un avocat décida qu'il fallait faire prononcer l'interdiction de la pauvre Sofia, faire défense aux artistes, fondeurs, praticiens et fournisseurs de matières coûteuses, de lui rien livrer, et aviser, quant à elle, à la faire entrer dans une maison d'aliénés, puisque inévitablement cette contrariété amènerait chez elle l'état de paroxysme et de fureur dangereuse pour les autres.

— L'avocat avait raison, dit M. Goefle ; ce parti était douloureux, mais nécessaire.

— Je vous demande bien pardon, monsieur Goefle; mais j'en jugeai autrement. Étant l'unique héritier de Goffredi, j'avais le droit de laisser manger mon bien par ma tutrice.

— Non ! vous n'aviez pas ce droit-là. Vous étiez mineur; la loi protége ceux qui ne peuvent se protéger eux-mêmes.

— C'est ce qui me fut dit; mais j'étais si bien en état de me protéger moi-même, que je menaçai l'avocat de le jeter par les fenêtres, s'il ne renonçait à son infâme proposition. Mettre ma mère dans une maison d'aliénés ! Il fallait donc m'y enfermer aussi, moi dont elle ne pouvait se passer un seul instant, et qui serais mort d'inquiétude en la sachant livrée à des soins mercenaires ! La priver du seul amusement qui pût exercer sur elle l'influence d'un rassérénement pour ainsi dire magique ! lui arracher le droit de manifester et d'endormir ses regrets par des édifices ruineux, insensés, je le veux bien, mais qui ne faisaient de tort ni de mal à personne ! Et qu'importait notre maison pleine de tombeaux à M. l'avocat gras et fleuri? Qui le forçait de venir s'apitoyer sur l'argent dépensé en pure perte, ou se moquer des aberrations de douleur de la pauvre veuve? Je tins bon, la famille me blâma, l'avocat me déclara insensé; mais ma mère resta tranquille.

— Ah ! ah ! mon garçon, dit M. Goefle en souriant, c'est ainsi que vous traitez les avocats, vous ?... Tenez, donnez-moi donc une poignée de main, ajouta-t-il en regardant Cristiano avec des yeux humides d'attendrissement et de sympathie.

Cristiano serra les mains du bon Goefle, et les porta à ses lèvres à la manière italienne.

— J'accepte votre bonté pour moi, dit-il ; mais je n'accepterais pas d'éloges sur ma conduite. Elle était si naturelle, voyez-vous, que toute préoccupation personnelle dans ma situation eût été infâme. Ne vous ai-je donc pas dit combien j'avais été aimé, choyé, gâté par ces deux êtres dont je me sentais véritablement le fils, autant par les entrailles que par le cœur? Ah ! j'avais été heureux, bien heureux, monsieur Goefle ! et je n'aurai jamais le droit, quelque désastre qui puisse m'arriver, de me plaindre de la Providence. Je n'avais pas mérité tout ce bonheur-là avant de naître. Ne devais-je pas tâcher de le mériter après avoir un peu vécu ?

— Et que devint la pauvre Sofia ? dit M. Goefle après avoir rêvé quelques instants.

— Hélas ! je me promettais de vous raconter mon histoire aussi gaiement que possible, et voilà que je n'ai pas su effleurer le côté douloureux de mes souvenirs ! Je vous en demande pardon, monsieur Goefle ; je vous ai attristé, et je ferais aussi bien de vous dire tout simplement que la pauvre Sofia n'est plus.

— Sans doute, puisque vous voilà ici. Je vois bien que vous ne l'eussiez jamais quittée ; mais connut-elle la misère avant de mourir ? Je veux tout savoir.

— Grâce au ciel, elle ne manqua jamais de rien. Je ne sais ce qui fût advenu si, toute la fortune mangée, il m'eût fallu la quitter pour lui gagner de quoi vivre ; mais ce n'est pas de cela que je m'inquiétais ; car je la voyais, malgré son air calme, dépérir rapidement.

» Au bout d'environ deux ans, elle me prit la main, un soir que nous étions assis en silence au bord du lac :

» — Cristiano, me dit-elle avec un son de voix extraordinaire, je crois que j'ai la fièvre ; tâte-moi le pouls et dis-moi ce que tu en penses ?

» C'était la première fois, depuis son malheur, qu'elle s'occupait de sa santé. Je sentis qu'elle avait une fièvre violente. Je la fis rentrer, j'appelai son médecin.

» — Elle est fort mal en effet, me dit-il ; mais qui sait si ce n'est pas une crise favorable qui s'opère ?

» Depuis son malheur, elle n'avait pas eu la fièvre.

» Je n'espérais pas. Ma mère tomba dans une profonde somnolence. Aucun remède n'opéra le moindre effet : elle s'éteignait visiblement. Quelques instants avant de mourir, elle parut retrouver des forces et s'éveiller d'un long rêve. Elle me pria de la soulever dans mes bras et me dit à l'oreille, d'une voix éteinte :

» — Je te bénis, Cristiano ! tu es mon sauveur ; je crois que j'ai été folle, je t'ai tourmenté ; Silvio me l'a reproché tout à l'heure. Je viens de le voir là, et il m'a dit de me lever, de marcher et de le suivre. Aide-moi à sortir de ce tombeau où j'avais la manie de m'enfermer... Viens !... le navire met à la voile... partons !...

» Elle fit un suprême effort pour se soulever, et retomba morte dans mes bras.

» Je ne sais trop ce qui se passa pendant plusieurs jours ; il me parut que je n'avais plus rien à faire dans la vie, puisque je n'avais plus que moi-même à garder.

» Je réunis dans la même tombe les restes de mes parents bien-aimés, j'y fis poser la plus simple et la plus blanche de toutes les pierres tumulaires amoncelées dans notre habitation ; j'y gravai moi-même leurs noms chéris sans autre épitaphe. Vous pensez bien, hélas ! que j'avais pris en horreur toutes les formules et tous les emblèmes. Quand je rentrai dans la maison, on vint me dire qu'elle n'était pas à moi, mais aux créanciers. Je le savais ; j'étais si bien préparé d'avance à quitter cette chère petite retraite, que j'avais déjà fait machinalement mon paquet en même temps que l'ensevelisseuse roulait le drap mortuaire autour du pauvre cadavre. Je laissai la liquidation aux mains de la famille; j'avais eu assez d'ordre dans ma prodigalité pour savoir que, s'il ne me restait rien, du moins je ne laissais aucune dette derrière moi.

» J'allais quitter la maison quand le petit juif dont je vous ai parlé se présenta. Je pensais qu'il venait tâcher d'acquérir à bas prix quelques-unes des précieuses antiquailles de la collection de M. Goffredi, qui allait être mise aux enchères; mais, s'il y songea, il eut la délicatesse de ne m'en point parler, et, comme je l'évitais, il me suivit dans le jardin, où j'allais cueillir quelques fleurs, seul souvenir matériel que je voulusse emporter. Là, il me mit dans la main une bourse assez bien garnie, et voulut s'enfuir sans me donner d'explication.

» Je pensais si peu à d'autres parents que ceux que je venais de perdre, que je crus à quelque aumône dont ce juif était l'intermédiaire, et que je jetai la bourse loin de moi pour le forcer à venir la reprendre. Il revint en effet sur ses pas, et, la ramassant, il me dit:

» — Ceci est à vous, bien à vous. C'est de l'argent

que je devais aux Goffredi et que je vous restitue.

» Je refusai. Il se pouvait que cette petite somme fût nécessaire pour parfaire quelque appoint dans les dettes de la succession. Le juif insista.

» — Ceci vient de vos véritables parents, me dit-il; c'est un dépôt qui m'était confié, et que je me suis engagé à vous remettre quand vous en auriez besoin.

» — Je n'ai besoin de rien, lui répondis-je; j'ai de quoi aller à Rome, où les amis de M. Goffredi me trouveront de l'occupation. Rassurez mes parents sur mon compte. Je présume qu'ils ne sont pas riches, puisqu'ils n'ont pu me faire élever sous leurs yeux. Remerciez-les de leur souvenir et dites-leur qu'à l'âge où je suis, avec l'éducation que j'ai reçue, ce sera bientôt à moi de les assister, s'ils ont besoin de moi. Qu'ils se fassent connaître ou non, j'accepterai cette tâche avec plaisir. Ils m'avaient mis en de si bonnes mains, et, grâce à ce choix, j'ai été si heureux, que je leur dois une vive reconnaissance.

» Tels étaient mes sentiments, monsieur Goefle; je ne me fardais point, car tels ils sont encore. Je n'ai jamais éprouvé le besoin d'accuser et d'interroger ceux qui m'ont donné la vie, et je ne comprends pas les bâtards qui se plaignent de n'être pas nés dans une condition de leur choix, comme si tout ce qui vit n'avait pas été de tout temps destiné à vivre, et comme si ce n'était pas Dieu qui nous appelle ou nous envoie en ce monde dans les conditions qu'il lui plaît d'établir.

» — Vos parents ne sont plus, me répondit le petit juif. Priez pour eux et recevez l'offrande d'un ami.

» Comme c'était sa troisième réponse, différente de la seconde et de la première, j'éprouvai une secrète défiance.

» — Est-ce vous par hasard, lui dis-je, qui prétendez être cet ami et venir à mon secours?

» — Non, dit-il, je suis un mandataire fidèle et rien de plus.

» — Eh bien, dites à ceux qui vous ont choisi que je leur rends grâce, mais que je n'accepte rien, pas plus des amis qui se montrent que de ceux qui se cachent. Avez-vous quelque chose à me révéler avec l'autorisation de ma famille?

» — Non, rien, répondit-il, mais plus tard probablement. Où allez-vous demeurer à Rome?

» — Je n'en sais rien.

» — Eh bien, moi, je le saurai, reprit-il, car je ne dois pas vous perdre de vue. Adieu, et souvenez-vous que, si vous tombiez dans la disgrâce, l'argent que vous voyez-là est à vous, et qu'il suffira de m'avertir pour que je vous en tienne compte.

» Il me sembla que cet homme parlait avec sincérité en ce moment ; mais il se pouvait que ce ne fût qu'un de ces spéculateurs hardis qui vont au-devant des nécessiteux dans l'espoir de les rançonner plus tard. Je le remerciai froidement et partis les mains presque vides.

» Je ne m'embarrassais guère de ce que j'allais devenir. Il ne fallait plus songer aux voyages, mais bien à trouver un emploi quelconque pour vivre. Quoique, depuis longtemps, il ne m'eût pas été permis de continuer à m'instruire, grâce à une excellente mémoire je n'avais rien oublié. Mes petites connaissances étaient assez variées, et les éléments des choses étaient assez positifs dans ma tête pour qu'il me fût possible d'entreprendre avec succès l'éducation particulière d'un jeune garçon. Je désirai surtout cette fonction dans l'espoir que j'avais de continuer mes études en prenant sur mon sommeil.

» Mon père avait eu les relations les plus honorables dans la province que nous habitions ; mais, chose étrange, ma conduite à l'égard de madame Goffredi fut jugée romanesque et peu digne d'un homme sérieux. Je m'étais laissé ruiner ; c'était tant pis pour moi ! j'avais mauvaise grâce à demander un emploi, moi, connu pour un dissipateur aveugle, pour une espèce de fou ! Je ne devais donc pas songer à être placé à Pérouse. A Rome, un des amis de mon père me fit entrer, en qualité de précepteur, chez un prince napolitain qui avait deux fils paresseux et sans intelligence, plus une fille bossue, coquette et d'humeur amoureuse. Au bout de deux mois, je demandai mon congé pour me soustraire aux œillades de cette héroïne de roman dont je ne voulais pas être le héros.

» Je trouvai à Naples un autre ami de mon père, un savant abbé, qui me plaça dans une famille moins opulente, mais beaucoup plus désagréable, et avec des élèves beaucoup plus obtus que les précédents. Leur mère, peu jeune et peu belle, me prit vite en grippe parce que je ne me faisais pas illusion sur ses charmes. Je ne me piquais pas d'une vertu farouche, je ne m'attribuais pas le droit de vouloir débuter en amour avec une déesse, je savais me contenter de beaucoup moins; mais, la maîtresse de la maison fût-elle passable, je ne voulais pas être l'amant d'une femme qui me commandait et me payait. Je m'en allai retrouver mon savant abbé et lui conter mes ennuis. Il se prit à rire en disant:

» — C'est votre faute; vous êtes beau garçon, et cela vous rend trop difficile.

» Je le suppliai de me faire entrer chez un veuf ou chez des orphelins. Après quelques recherches, il me déclara qu'il tenait mon affaire. Le jeune duc de Villareggia avait perdu père et mère ; il n'avait ni sœurs ni tantes. Élevé chez un oncle cardinal, il avait besoin, non d'un gouverneur, il en avait un, mais d'un professeur de langues et de littérature : je fus agréé. Là, ma position devint agréable et même lucrative. Le cardinal était un homme de savoir et d'esprit ; son neveu, âgé de treize ans, était fort bien doué et d'un caractère aimable. Je m'attachai beaucoup à lui, et lui fis faire de rapides progrès, tout en étudiant beaucoup moi-même ; car j'avais un logement à moi, et toutes mes soirées libres pour me livrer au travail. Le cardinal était si content de moi, que, pour me retenir exclusivement et m'empêcher de prendre d'autres élèves, il me rétribuait assez largement.

» Ma conduite fut studieuse et régulière pendant environ un an ; j'avais eu tant de chagrin et je sentais si bien mon isolement dans la société, que je prenais la vie au sérieux peut-être plus qu'elle ne le mérite. J'aurais pu tourner au pédant, si le cardinal ne se fût attaché à me pousser spirituellement et gracieusement à la légèreté et à la corruption du siècle. Il me fit homme du monde, et je ne sais trop si je dois lui en savoir gré. J'en vins peu à peu à perdre beaucoup de temps pour ma toilette, mes amourettes et mes plaisirs. Le palais du prélat était le rendez-vous des beaux esprits du cru et des individualités brillantes de la ville. On ne me demandait pas de moraliser mon élève, mais d'orner son esprit de choses agréables et légères. On ne me demandait, à moi, que d'être aimable avec tout le monde. Ce n'était pas difficile au milieu de gens frivoles et bienveillants; je devins *charmant*, plus charmant qu'il ne convenait peut-être à un orphelin sans appui, sans fortune et sans avenir.

» Je menai peu à peu une vie assez dissolue, et, pendant quelque temps, je me trouvai sur la pente du mal, encouragé et comme poussé en bas par tout ce qui m'environnait, retenu seulement par le souvenir de mes parents et la crainte de devenir indigne du nom qu'ils m'avaient laissé ; car je dois vous dire que, par son testament, mon père adoptif m'avait intimé l'ordre de m'appeler Cristiano Goffredi, et c'est sous ce nom que j'étais connu à Naples. C'était une excellente recommandation pour moi que ce nom honorable auprès des personnes graves et sensées; mais j'oubliai trop vite que ce nom roturier devait m'imposer une grande prudence et une grande réserve dans mes rapports avec la jeunesse titrée que je coudoyais chez le cardinal. Je me laissai aller aux prévenances de l'intimité. On me savait gré de n'avoir ni la gaucherie ni l'austérité d'un pédagogue de profession. On m'invitait, on m'entraînait. J'étais de toutes les parties de plaisir de la plus brillante jeunesse.

» Le cardinal me félicitait de savoir concilier les soupers, les bals et les veilles avec l'exactitude et la lucidité que j'apportais toujours à l'enseignement de son neveu; mais, moi, je voyais bien et je sentais bien que je ne cultivais plus assez mon intelligence, que je m'arrêtais en route, que je m'habituais insensiblement à n'être qu'un beau parleur et un talent creux, que je tournais trop au comédien de société et au poëte de salon, que je ne faisais sur mon traitement aucune économie en vue de ma liberté et de ma dignité futures, que j'avais de trop beau linge sur le corps et pas assez de poids dans la cervelle, enfin que je m'étais laissé prendre entre deux lignes parallèles, le désordre et la nullité, et que je risquais fort de n'en jamais sortir.

» Ces réflexions, que je chassais le plus souvent, me rendaient cependant parfois très-soucieux. Au fond, ces plaisirs, qui m'enivraient, ne m'amusaient pas. J'avais connu chez mes parents et avec eux de plus nobles jouissances et des amusements plus réels. Je me retraçais tous les souvenirs de ces charmantes promenades que nous avions faites ensemble, avec un but sérieux qui trouvait toujours des satisfactions pures, et, dans l'activité fiévreuse de ma nouvelle vie, je me sentais languir et retomber sur moi-même, comme au sein d'une accablante oisiveté. Je me mettais à rêver la grande existence des lointaines excursions, et je me demandais, en voyant ma bourse constamment à sec, si je n'eusse pas mieux fait de consacrer à la satisfaction de mes véritables goûts physiques et de mes véritables besoins intellectuels le fruit de mon travail, gaspillé en divertissements qui laissaient mon corps accablé et mon âme vide. Puis je me sentais tout à coup étranger à ce monde léger, à cette société asservie, à ce climat énervant, à cette population paresseuse, enfin à tout ce milieu où je ne tenais point par les racines vitales de la famille. Je me sentais à la fois plus actif et plus recueilli. Je pensais aussi, malgré mes vingt-trois ans et ma misère, à me marier pour avoir un chez moi, un but de réforme, un sujet de préoccupation ; mais le cardinal, à qui je confiais mes accès d'inquiétudes morales, me plaisantait et me traitait de fou.

— Tu as trop bu ou trop travaillé hier au soir, me disait-il ; ton cerveau se remplit de vapeurs. Dissipe-les en allant voir la *Cintia* ou la *Fiammetta*, et surtout ne te marie pas avec elles.

» J'aimais le cardinal : il était bon et enjoué ; mais, bien qu'il me traitât paternellement et sans morgue, je voyais trop qu'il était plus aimable qu'aimant, qu'il savait rendre son entourage agréable, et que j'y étais pour quelque chose, mais qu'il n'était pas homme à me supporter longtemps près de lui, si je tombais dans la mélancolie et si je devenais ennuyeux.

» Je tâchai de m'étourdir et de m'oublier dans le bien-être présent, de vivre au jour le jour sans souci du lendemain comme tout ce qui m'entourait. Je ne pus y parvenir. L'ennui augmenta, le dégoût se prononça ouvertement. Je me sentais rassasié d'amours faciles, d'engouements sensuels partagés sans combat par des femmes de tous les rangs. Pour moi, pauvre roturier, ces plaisirs avaient eu d'abord l'attrait de bonnes fortunes. En voyant que mon perruquier, qui était un fort beau garçon, avait autant de succès que moi, je pris les marquises en horreur. Je voulus quitter Naples. Je demandai au cardinal de m'envoyer vivre dans une de ses villas, en Calabre ou en Sicile. Je me serais fait intendant ou bibliothécaire, n'importe où. J'avais soif de repos et de solitude. Il se moqua encore de mes projets de retraite. Il n'y croyait pas. Il ne me jugeait pas plus fait pour être intendant que pour être moine. Il avait sans doute raison, mais il eut bien tort, comme vous allez voir, de me retenir.

» Un autre neveu du cardinal revint de ses voyages et s'installa dans la maison. Autant le jeune Tito Villareggia était sympathique et bienveillant, autant son cousin Marco Melfi était sot, absurde, impertinent et vaniteux. Il fut désagréable à tout le monde et s'attira plusieurs duels pour son début. Il était grand ferrailleur et blessa ou tua ses adversaires sans recevoir d'égratignure, ce qui porta son outrecuidance à un excès insoutenable. Je me tins sur la réserve du mieux que je pus; mais, un jour, poussé à bout par sa grossièreté provoquante, je lui donnai un démenti formel et lui en offris réparation les armes à la main. Il refusa, parce que je n'étais pas gentilhomme, et, s'élançant sur moi, voulut me souffleter. Je le terrassai, et le laissai sans autre mal qu'un étouffement de fureur. L'esclandre fit grand bruit. Le cardinal me donna raison tout bas, et me pria de m'en aller bien vite me cacher dans une de ses terres jusqu'à ce que Marco Melfi fût reparti pour d'autres voyages.

» L'idée de me cacher me révolta.

» — Malheureux! me dit le cardinal, ne sais-tu pas que mon neveu est *forcé* à présent de te faire assassiner?

» Le mot *forcé* me parut plaisant. Je répondis au cardinal que je *forcerais* Marco à se battre avec moi.

» — Tu ne peux pas tuer mon neveu ! me dit-il en me frappant avec gaieté sur la tête. Quand même tu serais assez habile pour cela, tu ne voudrais pas payer de la sorte l'amitié paternelle que je t'ai montrée ?

» Cette réflexion me ferma la bouche. Je rentrai chez moi et fis mes préparatifs de départ. J'aurais dû y mettre plus de mystère ; mais je répugnais à paraître me sauver en cachette. Tout à coup, comme je sortais de ma chambre pour chercher une petite caisse dans le vestibule de la maison que j'habitais seul, deux bandits tombent sur moi, et se mettent en devoir de me garrotter. En me débattant, je les entraîne au bas de l'escalier ; mais, comme j'allais leur échapper, la porte se ferme brusquement, et j'entends sous le vestibule intérieur une voix aigre qui s'écrie :

» — Courage, liez-le ! Je veux qu'il périsse là, sous le bâton !

» C'était la voix de Marco Melfi.

» L'indignation me donna en ce moment des forces surhumaines. Je luttai si énergiquement contre mes deux bandits, que je les mis hors de combat en peu d'instants. Alors, sans me soucier d'eux, je m'élançai vers Marco, qui, voyant échouer son entreprise, voulait se retirer. Je le collai contre la porte et lui arrachai l'épée qu'il voulait tirer pour se défendre.

» — Misérable! lui dis-je, je ne veux pas t'assassiner; mais tu te battras avec moi, et tout de suite !

» Marco était faible et chétif. Je le forçai de remonter devant moi l'escalier, je le poussai dans ma chambre, dont je fermai la porte à double tour; je pris mon épée, et, lui rendant la sienne :

» — A présent, lui dis-je, défends-toi; tu vois bien qu'il faut quelquefois se battre avec un homme de rien !

» — Goffredi, me répondit-il en baissant la pointe de son épée, je ne veux pas me battre, et je ne me battrai pas. Je suis trop sûr de te tuer, et vraiment ce serait dommage, car tu es un brave garçon. Tu pouvais m'assassiner, et tu ne l'as pas fait. Soyons amis!...

» Confiant et sans rancune, j'allais prendre la main qu'il me tendait, lorsqu'il me porta vivement et adroitement de la main gauche un coup de stylet à la gorge. J'esquivai l'arme, qui glissa et me blessa à l'épaule. Alors je ne connus plus de frein : j'attaquai ce fourbe avec fureur et le forçai de se défendre. Nos armes étaient égales, et il avait sur moi l'avantage d'une adresse et d'une pratique dont je n'approchais certainement pas. Quoi qu'il en soit, je l'étendis mort à mes pieds. Il tomba l'épée à la main, sans dire une parole, mais avec un sourire infernal sur les lèvres. On frappait violemment à la porte, on la poussait pour l'enfoncer. Il se crut peut-être au moment d'être vengé. Moi, épuisé de lassitude et d'émotion, je sentis que j'étais perdu, soit que les assassins fussent revenus de leur étourdissement, soit que les sbires eussent été avertis par eux de venir s'emparer de moi. Je rassemblai ce qui me restait de forces pour sauter par la fenêtre. Le saut n'était que d'une vingtaine de pieds; j'arrivai sans grand mal sur le pavé de la cour, et, serrant mon habit autour de moi, pour que le sang qui jaillissait de mon épaule ne marquât pas ma trace, je m'enfuis aussi loin que mes jambes purent me porter.

» Bien me prit de pouvoir gagner la campagne. Mon affaire était des plus mauvaises, s'étant passée sans témoins. Et qu'importait, d'ailleurs, que je fusse dans mon droit, que ma conduite eût été loyale et généreuse, que mon adversaire fût un lâche scélérat? Il était de l'une des premières familles du royaume, et la sainte inquisition n'eût fait qu'une bouchée d'un pauvre hère de mon espèce.

» Je trouvai un refuge pour la nuit dans une cabane de pêcheurs; mais je n'avais pas sur moi une obole pour payer l'hospitalité dangereuse que je réclamais. D'un autre côté, mes habits déchirés et souillés de sang ne me permettaient plus de me montrer dehors. Ma blessure, — grave ou non, je n'en savais rien, — me faisait beaucoup souffrir. Je me sentais faible, et je savais bien que toute la police du royaume était déjà en émoi pour m'appréhender au corps. Couché sur une mauvaise natte, dans une petite soupente, je pleurai amèrement, non sur ma destinée, je ne me serais pas permis cette faiblesse, mais sur la brusque et irréparable rupture de mes relations avec le bon cardinal et mon aimable élève. Je sentis combien je les aimais, et je maudis la fatalité qui m'avait réduit à ensanglanter cette maison où j'avais été accueilli avec tant de confiance et de douceur.

» Mais il ne s'agissait pas de pleurer, il s'agissait de fuir. Je pensais bien à aller trouver le petit juif qui prétendait connaître mes parents ou les amis mystérieux qui veillaient sur moi, ou qui l'avaient chargé de le faire. J'ai oublié de vous dire que cet homme était venu se fixer à Naples, et que je l'avais plusieurs fois rencontré; mais rentrer dans la ville me parut trop périlleux : écrire au juif, c'était risquer de me faire découvrir. J'y renonçai.

» Je ne vous ferai pas le récit des aventures de détail au milieu desquelles s'opéra mon évasion du territoire de Naples. J'avais réussi à échanger mes vêtements en lambeaux contre des guenilles moins compromettantes. Je trouvais difficilement à manger; les hommes du peuple, sachant que l'on poursuivait *le vil assassin* d'un noble personnage, se méfiaient de tout inconnu sans ressources, et, n'eussent été les femmes, qui en tout pays sont plus courageuses et plus humaines que nous, je serais mort de faim et de fièvre. Ma blessure me forçait e m'arrêter souvent dans les recoins les plus déserts que je pouvais trouver, et, là, privé des soins les plus élémentaires, j'envisageai plus d'une fois l'éventualité d'y rester, faute de pouvoir me relever et reprendre ma course. Eh bien, croiriez-vous, monsieur Goefle, que, dans cette situation désespérée, j'éprouvais par moments des bouffées de joie, comme si, en dépit de tout, je savourais l'aurore de ma liberté reconquise? L'air, le mouvement, l'absence de contrainte, la vue des campagnes dont je pouvais maintenant espérer de franchir les horizons sans limites, tout, jusqu'à la rudesse de ma couche sur le rocher, me rappelait les projets et les aspirations du temps où j'avais réellement vécu.

» Enfin j'approchais sans accident de la frontière des États du pape, et, comme je n'avais pas suivi la route de Rome, j'avais tout lieu d'espérer que, grâce à un détour dans les montagnes, je n'avais été signalé et suivi par aucun espion. Je m'arrêtai dans un village pour vendre ma marchandise, car il faut vous dire qu'ayant horreur de mendier et me sentant irrité par les refus au point d'être tenté de battre les gens qui me renvoyaient brutalement, j'avais imaginé de me faire marchand...

— Marchand de quoi donc, dit M. Goefle, puisque vous n'aviez pas une obole?

— Sans doute ; mais j'avais sur moi, au moment de ma fuite, un canif qui fut mon gagne-pain. Quoique je n'eusse jamais fait de sculpture, je connaissais assez bien les lois du dessin, et, un jour, ayant rencontré sur ma route une roche très-blanche et très-tendre, j'eus l'idée de prendre une douzaine de fragments que je dégrossis sur place, et qu'ensuite je taillai dans mes moments de repos en figurines de madones et d'angelots de la dimension d'un doigt de haut. Cette pierre ou plutôt cette craie étant fort légère, je pus me charger ainsi d'une cinquantaine de ces petits objets que je vendais, en passant dans les fermes et dans les maisons de paysans, pour cinq ou six baïoques pièce. C'était à coup sûr tout ce qu'elles valaient, et, pour moi, c'était du pain.

» Cette industrie m'ayant réussi pendant deux

jours, j'espérais, en voyant que c'était jour de marché dans ce village, pouvoir me débarrasser sans danger de mon fonds de commerce; mais, comme je trouvais peu de chalands à cause de la concurrence que me faisait un Piémontais porteur d'un grand étalage de plâtres moulés, j'imaginai de m'asseoir par terre et de me mettre à travailler ma pierre avec mon canif à la vue de la population, bientôt rassemblée autour de moi. Dès lors j'eus le plus grand succès. La promptitude et probablement la naïveté de mon travail charmèrent l'assistance, et ces bonnes gens se livrèrent autour de moi, les femmes et les enfants surtout, à des démonstrations d'étonnement et de plaisir qui me firent du mouleur piémontais un rival jaloux et irrité. Celui-ci m'interpella plusieurs fois avec grossièreté sans que je perdisse patience. Je voyais bien qu'il cherchait bataille pour me forcer à décamper, et je me contentai de me moquer de lui, en lui disant de faire lui-même ses statuettes, et de montrer ses talents à la compagnie : en quoi je fus fort applaudi. En Italie, le plus bas peuple aime tout ce qui sent l'art. Mon concurrent fut bafoué et traité de stupide machine, tandis qu'on me décernait à grand bruit le titre d'artiste.

» Le méchant drôle imagina une grande noirceur pour se venger. Il laissa choir exprès deux ou trois mauvaises pièces de son étalage, et fit de grands cris pour appeler les gardes de police qui circulaient dans la foule. Dès qu'il eut réussi à les attirer, il prétendit que j'avais ameuté la populace contre lui ; qu'on l'avait poussé, au grand détriment de sa fragile marchandise ; qu'il était un honnête homme, payant patente et bien connu dans le pays, tandis que je n'étais qu'un vagabond sans aveu, et peut-être quelque chose de pis, qui sait? peut-être le *vil assassin du cardinal*. C'est ainsi que l'on racontait déjà l'événement arrivé à Naples, et c'est moi que l'on désignait de la sorte à l'animadversion publique et aux agents de la police. Le peuple prit mon parti ; de nombreux témoins protestaient de mon innocence et de la leur propre. Personne n'avait heurté ou seulement touché l'étalage du mouleur. Le groupe qui m'entourait fit pacifiquement tête aux gardes, et s'ouvrit pour me laisser fuir.

» Mais, s'il y avait là de braves gens, il y avait aussi des gredins ou des poltrons qui me désignèrent du doigt sans rien dire, au moment où j'enfilais précipitamment une petite rue tortueuse. On me suivit ; j'avais de l'avance, mais je ne connaissais pas la localité, et, au lieu de gagner la campagne, je me trouvai sur une autre petite place, au milieu de laquelle une baraque de marionnettes absorbait l'attention d'un assez nombreux auditoire. Je m'étais à peine glissé dans cette petite foule, que je vis les gardes en faire le tour et y jeter des regards pénétrants. Je me faisais le plus petit possible, et j'affectais de prendre grand intérêt aux aventures de Polichinelle, pour ne pas étonner les voisins qui me coudoyaient, lorsqu'une idée lumineuse surgit dans ma tête surexcitée. Bien conseillé par le danger qui me presse, je m'insinue toujours plus avant dans le groupe compacte et inerte que les gardes s'efforçaient de percer. J'arrive ainsi à toucher la toile de la baraque; je me baisse peu à peu; tout à coup je me glisse sous cette toile comme un renard dans un terrier, et je me trouve blotti presque entre les jambes de l'*operante* ou *recitante*, c'est-à-dire de l'homme qui faisait mouvoir et parler les marionnettes?

» Vous savez ce que c'est, monsieur Goefle, qu'un théâtre de marionnettes?

— Parbleu! J'ai vu à Stockholm dernièrement celui de Christian Waldo.

— Vous l'avez vu... en dehors?

— Seulement; mais je me doute bien de l'intérieur, quoique celui-ci m'ait paru assez compliqué.

— C'est un théâtre à deux *operanti*, soit quatre mains, c'est-à-dire quatre personnages en scène; ce qui permet un assez nombreux personnel de *burattini*.

— Qu'est-ce que cela, *burattini* ?

— C'est la marionnette classique, primitive, et c'est la meilleure. Ce n'est pas le *fantoccio* de toutes pièces qui, pendu au plafond par des ficelles, marche sans raser la terre ou en faisant un bruit ridicule et invraisemblable. Ce mode plus savant et plus complet de la marionnette articulée arrive, avec de grands perfectionnements de mécanique, à simuler des gestes assez vrais et des poses assez gracieuses : nul doute que l'on ne puisse en venir, au moyen d'autres perfectionnements, à imiter complétement la nature; mais, en creusant la question, je me suis demandé où serait le but, et quel avantage l'art pourrait retirer d'un théâtre d'automates. Plus on les fera grands et semblables à des hommes, plus le spectacle de ces acteurs postiches sera une chose triste et même effrayante. N'est-ce pas votre avis ?

— Certainement; mais voilà une digression qui m'intéresse moins que la suite de votre histoire.

— Pardon, pardon, monsieur Goefle, cette digression m'est nécessaire. Je touche à une phase assez bizarre de mon existence, et il faut que je vous démontre la supériorité du *burattino;* cette représentation élémentaire de l'artiste comique n'est, je tiens à vous le prouver, ni une machine, ni une marotte, ni une poupée : c'est un être.

— Ah! oui-da, un être? dit M. Goefle en regardant avec étonnement son interlocuteur et en se demandant s'il n'était pas sujet à quelque accès de folie.

— Oui, un être! je le maintiens, reprit Cristiano avec feu ; c'est d'autant plus un être que son corps n'existe pas. Le *burattino* n'a ni ressorts, ni ficelles, ni poulies : c'est une tête, rien de plus; une tête expressive, intelligente, dans laquelle... tenez!

Ici, Cristiano s'en alla sous l'escalier et ouvrit une caisse d'où il tira une petite figure de bois garnie de chiffons, qu'il jeta par terre, releva, fit sauter en l'air et rattrapa dans sa main.

« — Tenez, tenez, reprit-il, vous voyez cela : une guenille, un copeau qui vous semble à peine équarri. Mais voyez ma main s'introduire dans ce petit sac de peau, voyez mon index s'enfoncer dans la tête creuse, mon pouce et mon doigt du milieu remplir cette paire de manches et diriger ces petites mains de bois qui vous apparaissent courtes, informes, ni ouvertes ni fermées, et cela à dessein, pour escamoter à la vue leur inertie. A présent, prenons la distance combinée sur la grandeur du petit être. Restez là, et regardez.

En parlant ainsi, Cristiano monta en deux enjambées l'escalier de bois, se baissa de manière à cacher son corps derrière la rampe, éleva sa main sur cette rampe, et se mit à faire mouvoir la marionnette avec une adresse et une grâce infinies.

— Vous voyez bien, s'écria-t-il toujours gaiement, mais avec une conviction réelle ; voilà l'illusion produite, même sans théâtre et sans décors ! Cette figure, largement ébauchée et peinte d'un ton mat et assez terne, prend peu à peu dans son mouvement l'apparence de la vie. Si je vous montrais une belle marionnette allemande, vernie, enluminée, couverte de paillons et remuant avec des ressorts, vous ne pourriez pas oublier que c'est une poupée, un ouvrage mécanique, tandis que mon *burattino*, souple, obéissant à tous les mouvements de mes doigts, va, vient, salue, tourne la tête, croise les bras, les élève au ciel, les agite en tout sens, salue, soufflette, frappe la muraille avec joie ou avec désespoir... Et vous croyez voir toutes ses émotions se peindre sur sa figure, n'est-il pas vrai ? D'où vient ce prodige, qu'une tête si légèrement indiquée, si laide à voir de près, prenne tout à coup, dans le jeu de la lumière, une réalité d'expression qui vous en fait oublier la dimension réelle ? Oui, je soutiens que, quand vous voyez le *burattino* dans la main d'un véritable artiste, sur un théâtre dont les décors bien entendus, la dimension, les plans et l'encadrement sont bien en proportion avec les personnages, vous oubliez complétement que vous n'êtes pas vous-même en proportion avec cette petite scène et ces petits êtres, vous oubliez même que la voix qui les fait parler n'est pas la leur. Ce mariage, impossible en apparence, d'une tête grosse comme mon poing et d'une voix aussi forte que la mienne s'opère par une sorte d'ivresse mystérieuse où je sais vous faire entrer peu à peu, et tout le prodige vient... Savez-vous d'où vient le prodige? Il vient de ce que ce *burattino* n'est pas un automate, de ce qu'il obéit à mon caprice, à mon inspiration, à mon entrain, de ce que tous ses mouvements sont la conséquence des idées qui me viennent et des paroles que je lui prête, de ce qu'il est *moi* enfin, c'est-à-dire un être, et non pas une poupée.

Ayant ainsi parlé avec une grande vivacité, Cristiano descendit l'escalier, posa la marionnette sur la table, ôta son habit en demandant pardon à M. Goefle d'avoir trop chaud, et se remit à cheval sur sa chaise pour reprendre le fil de son histoire.

Pendant cette bizarre interruption, M. Goefle avait eu une attitude non moins comique.

— Attendez donc ! dit-il en prenant le *burattino* ; tout ce que vous avez dit là est vrai et bien raisonné.

Et maintenant je m'explique le plaisir extraordinaire que j'ai pris aux représentations de Christian Waldo; mais ce que vous ne me dites pas et ce que je vois clairement, c'est que ce bon petit personnage que je tiens là... et que je voudrais bien faire remuer et parler... Allons, mon petit ami, ajouta-t-il en enfonçant ses doigts dans la tête et dans les manches du *burattino,* regarde-moi un peu... C'est cela, oui, tu es fort gentil, et je te vois de près avec plaisir. Eh bien, je te reconnais maintenant ; tu es Stentarello, le jovial, le moqueur, le gracieux Stentarello, qui m'a tant fait rire, il y a quinze jours, à Stockholm. Et vous, mon garçon, ajouta encore M. Goefle en se tournant vers son hôte, bien que je n'aie jamais vu votre figure, je vous reconnais aussi parfaitement à la voix, à l'esprit, à la gaieté et même à la sensibilité; vous êtes Christian Waldo, le fameux *operante recitante* des *burattini* napolitains !

— Pour avoir l'honneur de vous servir, répondit Christian Waldo en saluant le docteur avec grâce, et, si vous désirez savoir comment Cristiano del Lago, Cristiano Goffredi et Christian Waldo sont une seule et même personne, écoutez le reste de mes aventures.

— J'écoute, et, à présent, j'en suis très-curieux ; mais je veux savoir d'où vient ce nouveau nom de Christian Waldo.

— Oh ! celui-là est tout nouveau, en effet ; il date de l'automne dernier, et il me serait difficile de vous dire pourquoi je l'ai choisi. Je crois qu'il m'est venu en rêve, comme une réminiscence de quelque nom de localité qui m'aurait frappé dans mon enfance.

— C'est singulier ! n'importe. Vous m'avez laissé dans la baraque des *burattini*, sur la place de...

— De Celano, reprit Christian. Encore sur les rives d'un beau lac ! Je vous assure, monsieur Goefle, que ma destinée est liée à celle des lacs, et qu'il y a làdessous un mystère dont je saurai peut-être un jour le mot.

» Vous n'avez pas oublié que j'avais la police à mes trousses et que, sans la baraque des marionnettes, j'étais probablement pris et pendu. Or, cette baraque était fort petite et ne pouvait guère contenir qu'un homme. Quand je vous ai demandé, à vous habitant d'un pays où ce divertissement tout italien n'est guère en usage et n'a peut-être été apporté que par moi, si vous saviez comment les baraques de *burattini* étaient agencées, c'était pour vous montrer ma situation entre les jambes de l'*operante*, lequel, occupé à faire battre *Pulcinella* avec le sbire, les mains et les yeux en l'air, et l'esprit également tendu à l'improvisation de son drame burlesque, n'avait pas le loisir de voir et de comprendre ce qui se passait à la hauteur de son genou. Ce n'était donc pour moi qu'une minute de répit entre le dénoûment de la pièce et celui de ma destinée.

» Je sentis qu'il ne fallait pas attendre mon salut du hasard ; je pris à terre deux *burattini* qui représentaient, par une singulière coïncidence avec ma situation, un bourreau et un juge, et, me serrant contre l'*operante,* je me levai près de lui, comme je pus ; je posai les marionnettes sur la planchette, et, au risque de crever la toile de la baraque, j'introduisis à l'impromptu une scène inattendue dans la pièce. La scène eut un succès inimaginable, et mon associé, sans se déconcerter le moins du monde, la saisit au vol, et, quoique fort à l'étroit, soutint le dialogue avec une gaieté et une présence d'esprit non moins extraordinaires.

— Merveilleuse et folle Italie ! s'écria M. Goefle : ce n'est que là vraiment que les facultés sont si fines et si soudaines !

— Celles de mon compère, reprit Christian, étaient bien plus pénétrantes encore que vous ne l'imaginez. Il m'avait reconnu, il avait compris ma situation, il était résolu à me sauver.

— Et il vous sauva ?

— Sans rien dire, et, pendant que je faisais, à sa place, au public, le discours final, il m'enfonça un bonnet à lui sur la tête, me jeta une guenille rouge sur les épaules, me passa de l'ocre sur la figure ; puis, dès que la toile fut baissée :

» — Goffredi, me dit-il à l'oreille, prends le théâtre sur ton dos et suis moi.

» En effet, nous traversâmes ainsi la place et sortîmes du village sans être inquiétés. Nous marchâmes toute la nuit, et, avant que le jour parût, nous étions dans la campagne de Rome.

— Quel était donc, dit M. Goefle, cet ami dévoué ?

— C'était un fils de famille, nommé Guido Massarelli, qui se sauvait, comme moi, du royaume de Naples. Son affaire était moins grave : il ne se soustrayait qu'à ses créanciers ; mais il ne me valait pourtant pas, monsieur Goefle, je vous en réponds ! Et cependant c'était un aimable jeune homme, un garçon instruit et spirituel, une nature séduisante au possible. Je l'avais connu intimement à Naples, où il avait mangé son héritage et s'était fait beaucoup d'amis. Fils d'un riche commerçant et doué de beaucoup d'intelligence, il avait reçu une bonne éducation. Il s'était lancé, comme moi, dans un monde qui devait le mener trop vite ; il s'était vu bientôt sans ressources. Je l'avais nourri pendant quelque temps ; mais, ne se contentant plus d'une existence modeste et ne se sentant pas le courage de travailler pour vivre, il avait fini par faire des dupes.

— Vous le saviez?

— Je le savais, mais je n'eus pas le courage de le lui reprocher dans un moment où il me sauvait la vie. Il était, comme moi désormais, dans le plus complet dénûment. Il avait pris la fuite avec quelques écus dont il s'était servi pour acheter à un saltimbanque l'établissement de marionnettes qui ne lui servait pas tant à gagner sa vie qu'à cacher sa figure.

» — Vois-tu, me dit-il, l'état que je fais maintenant est, de ma part, un trait de génie. Il y a déjà deux mois que je parcours le royaume de Naples sans être reconnu. Tu me demanderas comment je ne me suis pas sauvé plus loin : c'est que plus loin j'ai aussi des créanciers, et qu'à moins d'aller jusqu'en France, j'en trouverai toujours sur mon chemin. Et puis j'avais laissé à Naples de petites aventures d'amour qui me chatouillaient encore le cœur, et je me suis tenu dans les environs. Grâce à cette légère guérite de toile, je suis invisible au milieu de la foule. Tandis que tous les yeux sont fixés sur mes *burattini*, personne ne songe à se demander quel est l'homme qui les fait mouvoir. Je passe d'un quartier à l'autre, marchant debout dans ma carapace, et, une fois hors de là, nul ne sait si je suis le même homme qui a diverti l'assistance.

» — Certes, voilà une idée, lui répondis-je ; mais que comptes-tu faire à présent ?

» — Ce que tu voudras, répondit-il. Je suis si heureux de te retrouver et de te servir, que je suis prêt à te suivre où tu me conduiras. Je te suis plus attaché que je ne peux dire. Tu as toujours été indulgent pour moi. Tu n'étais pas riche, et tu as fait pour moi en proportion plus que les riches ; tu m'as défendu quand on m'accusait, tu m'as reproché mes égarements, mais en me peignant toujours à mes propres yeux comme capable d'en sortir. Je ne sais si tu as raison ; mais il est certain que, pour te complaire, je ferai un effort suprême, pourvu que ce soit hors de l'Italie ; car, en Italie, vois-tu, je suis perdu, déshonoré, et il faut que j'aille à l'étranger, sous un autre nom, si je veux tenter une meilleure vie.

» Guido parlait d'un air convaincu, et même il versait des larmes. Je le savais bon, et je le crus sincère. Il l'était peut-être en ce moment. A vous dire le vrai, je me suis toujours senti une grande indulgence pour ceux qui sont généreux en même temps que prodigues, et Guido, à ma connaissance, avait été plusieurs fois dans ce cas-là. C'est vous dire, monsieur Goefle, que je ne confonds pas la libéralité avec le désordre égoïste, bien que j'aie péché maintes fois sur ce dernier chef ; tant il y a que je me laissai persuader et attendrir par mon ancien camarade, par mon nouvel ami, et que nous voilà sur les terres papales, déjeunant frugalement ensemble, à l'ombre d'un bouquet de pins, et faisant un plan de conduite à nous deux.

» Nous étions aussi dénués l'un que l'autre ; mais ma situation, plus grave légalement que la sienne, n'avait rien de désespéré. Il n'avait tenu qu'à moi de fuir sans tant de risques, de fatigues et de misères. Je n'aurais eu qu'à me réfugier hors de Naples, chez la première venue des personnes honorables qui m'y avaient témoigné de l'amitié, et qui certes auraient cru à ma parole en apprenant de quelle manière j'avais été forcé, en quelque sorte, de tuer mon lâche ennemi. Il était haï, et moi, j'étais aimé. On m'eût accueilli, caché, soigné et mis en mesure de quitter le pays par protection. Devant de hautes influences, la police, l'inquisition même, eût peut-être fermé les yeux. Cependant je n'avais pu me résoudre à prendre ce parti ; la cause de mon insurmontable répugnance, c'était le manque d'argent et la nécessité d'accepter les premiers secours. J'avais joui chez le cardinal d'un assez beau traitement pour n'avoir pas le droit de partir les mains vides. Lui-même ne pouvait se douter de mon dénûment. J'aurais rougi d'avouer, non pas que j'étais sans argent, c'était le cas perpétuel des jeunes gens du monde que je fréquentais, mais que je n'étais pas en situation d'en avoir avant d'être mis en possession d'un nouvel emploi, et encore, en supposant que j'y porterais une conduite plus clairvoyante et plus régulière que je n'avais fait par le passé. Quant à ce dernier point, je voulais bien en prendre l'engagement vis-à-vis de moi-même ; mais ma fierté ne pouvait se résoudre à le prendre vis-à-vis des autres en de semblables circonstances.

» Quand j'expliquai cette situation à Guido Massarelli, il s'étonna beaucoup de mes scrupules, et même il en prit quelque pitié. Plus il m'engageait cependant à aller demander des secours à mes amis de Rome, plus je sentais augmenter ma répulsion : elle était peut-être exagérée ; mais il est certain qu'en me voyant assis côte à côte avec ce compagnon d'infortunes, je ne rougissais pas d'être réduit à manger de la graine de lupin avec lui, tandis que je serais mort de faim plutôt que d'aller avec lui demander à dîner à mes anciennes connaissances. Il avait tant abusé, lui, des demandes, des promesses, des repentirs stériles et des plaidoyers intéressants, que j'aurais craint de paraître jouer un rôle analogue au sien.

» — Nous avons fait des sottises, lui dis-je, il faut

savoir en subir les conséquences. Moi, je suis décidé à gagner la France par Gênes, ou l'Allemagne par Venise. J'irai à pied, récoltant ma vie comme je pourrai. Une fois dans une grande ville, hors de l'Italie, où je courrais toujours le danger de tomber, à la moindre imprudence, dans les mains de la police napolitaine, j'aviserai à trouver un emploi. J'écrirai au cardinal pour me justifier, à mes amis pour leur demander des lettres de recommandation, et je crois qu'après un peu de misère et d'attente je me placerai honorablement. Si tu veux me suivre, suis-moi ; je t'aiderai de tout mon pouvoir à faire comme moi, c'est-à-dire à travailler pour vivre honnêtement.

» Guido parut si bien décidé et si bien converti, que je ne me défendis plus de l'attrait de son intimité. J'avais pourtant bien remarqué qu'il n'y a souvent rien de plus aimable qu'une franche canaille, et que les caractères les plus sociables sont parfois ceux qui manquent le plus de dignité ; mais il y a en nous un sot amour-propre qui nous fait croire à notre influence sur ces malheureux esprits-là, et, quand ils nous prennent pour dupes, c'est aussi bien notre faute que la leur.

» Tous ces préliminaires étaient inévitables pour vous raconter sans autre réflexion ce qui va suivre.

» Il s'agissait donc de quitter l'Italie, c'est-à-dire

de faire quelques centaines de lieues sans un denier en poche. Je promis à Guido d'en trouver le moyen, et le priai de me laisser seulement quelques jours de repos pour guérir ma blessure, qui s'envenimait cruellement.

» — Cherche ta vie en attendant, lui dis-je ; je resterai là, avec un pain, dans un trou de rocher, auprès d'une source. C'est tout ce qu'il faut à un homme qui a la fièvre. Donnons-nous rendez-vous quelque part ; je t'y joindrai quand je pourrai marcher.

» Il refusa de me quitter, et se fit mon pourvoyeur et mon garde-malade avec tant de zèle et de soins ingénieux pour conjurer la souffrance et la misère, que je ne pus me défendre d'une sincère reconnaissance. Trois jours après, j'étais sur pied, et j'avais réfléchi.

» Voici le résultat de mes réflexions. Nous n'avions rien de mieux à faire que de montrer les marionnettes. Seulement, il fallait rendre le métier plus lucratif et moins vulgaire. Il fallait sortir de l'éternel drame de *Pulcinella*, et improviser à deux, sur des canevas tout aussi simples, mais moins rebattus, des saynètes divertissantes. Guido avait plus d'esprit qu'il n'en fallait pour cet exercice, et, au lieu de s'y livrer avec ennui et dégoût, il comprit qu'avec moi il y trouverait du plaisir, puisque c'est une règle générale qu'on n'amuse pas les autres quand on s'ennuie soi-même. En conséquence, il m'aida à faire un théâtre portatif en deux parties, dont chacune nous servait en quelque sorte d'étui pour marcher à couvert du soleil, de la pluie et des alguazils, et qui, en se rejoignant au moyen de quelques crochets, formaient une scène assez large pour le développement de nos deux paires de mains. Je transformai en figurines intelligentes et bien costumées ses ignobles *burattini*, j'y ajoutai une douzaine de personnages nouveaux que je confectionnai moi-même, et nous fîmes en plein vent, dans des solitudes agrestes, l'essai de notre nouveau théâtre.

» Les humbles frais de cet établissement furent couverts par la vente de mes figurines de dévotion, en pierre tendre, que Guido sut placer dans la campagne beaucoup plus avantageusement que je ne l'avais fait moi-même ; au bout de la semaine, nous parvînmes à donner dans les faubourgs de Rome une douzaine de représentations qui eurent le plus grand succès, et qui nous rapportèrent la somme fabuleuse de trois écus romains ! C'était de quoi nous remettre en route et traverser les déserts qui séparent la ville éternelle des autres provinces de l'Italie.

Guido, charmé de notre réussite, eût voulu exploiter Rome plus longtemps. Il est certain que nous eussions pu nous risquer dans les beaux quartiers et attirer l'attention des gens du monde sur nos petites comédies ; mais c'est là précisément ce que je craignais, ce que tous deux nous devions craindre, ayant tant de motifs de nous tenir cachés. Je décidai mon compagnon, et nous prîmes la route de Florence, jouant nos pièces dans les villes et les bourgades pour faire nos frais de voyage.

» Nous avions pris par Pérouse, et, pour ma part, ce n'était pas sans dessein que j'avais préféré cette voie à celle de Sienne. Je voulais revoir ma belle et chère ville, mon doux lac de Trasimène, et surtout la petite villa où j'avais passé de si heureux jours. Nous arrivâmes à Bassignano à l'entrée de la nuit. Jamais je n'avais vu le soleil couchant si lumineux sur les eaux calmes et transparentes. Je laissai Guido s'installer dans une misérable hôtellerie, et je m'en allai, le long du lac, jusqu'à la *villetta* Goffredi.

» Pour n'être pas reconnu dans le pays, j'avais mis un masque et un chapeau d'arlequin achetés à Rome pour les circonstances périlleuses. Quelques guenilles bariolées me travestissaient à l'occasion en saltimbanque officiel, costume très-convenable pour un montreur de marionnettes destiné à faire les annonces. Les enfants du village me suivirent en criant de joie, pensant que j'allais leur faire *des tours ;* mais je les éloignai en jouant de la batte, et bientôt je me vis seul sur le rivage.

» J'arrivais à la nuit close; la soirée pourtant était claire, et dans le limpide cristal du lac, où s'effacent avec le crépuscule les lignes de l'horizon, on croit côtoyer l'immensité des cieux étoilés et se promener, comme un pur esprit, sur je ne sais quelle fantastique limite de l'infini. — Ah! que la vie est bizarre quelquefois, monsieur Goefle! et que je faisais là un étrange personnage dans mon accoutrement grotesque, cherchant, comme une ombre en peine, sous les saules qui avaient grandi en mon absence, la tombe solitaire de mes pauvres parents! — Je crus un moment qu'on l'avait ôtée de là, qu'on me l'avait volée; car elle était bien à moi, c'était mon seul avoir : j'avais acheté de mes derniers écus le petit coin de terre bénite où j'avais déposé leurs restes.

» Enfin je la trouvai à tâtons, cette humble pierre; je m'assis auprès, et, ôtant mon masque d'arlequin, j'y pleurai en liberté. J'y restai une partie de la nuit, absorbé dans mes réflexions, et voulant, avant de m'éloigner probablement pour toujours, résumer ma vie, me repentir de mes erreurs et prendre de bonnes résolutions. — La grâce divine n'est pas une illusion, monsieur Goefle. Je ne sais pas à quel point vous êtes luthérien, et, quant à moi, je ne me pique pas d'être grand catholique. Nous vivons dans un temps où personne ne croit à grand'chose, si ce n'est à la nécessité et au devoir de la tolérance ; mais, moi, je crois vaguement à l'âme du monde, qu'on l'appelle comme on voudra, à une grande âme, toute d'amour et de bonté, qui reçoit nos pleurs et nos aspirations. Les philosophes d'aujourd'hui disent que c'est une platitude de s'imaginer que l'Être des êtres daignera s'occuper de vermisseaux de notre espèce ; moi, je dis qu'il n'y a rien de petit et rien de grand devant celui qui est tout, et que, dans un océan d'amour, il y aura toujours de la place pour recueillir avec bonté une pauvre petite larme humaine.

» Je fis donc mon examen de conscience sur cette tombe ; car il me semblait que, dans cette pluie de douce lumière dont me baignaient les étoiles tranquilles, mes Goffredi, mon père et ma mère par le cœur, pouvaient bien aussi trouver un petit rayon pour me voir et me bénir. Je ne sentais pas de crime, pas de honte, pas de lâcheté ni d'impiété entre eux et moi ; je ne les avais jamais oubliés un seul jour, et au milieu de mes enivrements, lorsque le démon de la jeunesse et de la curiosité m'avait poussé vers les abîmes de ce monde vicieux et incrédule, je m'étais défendu et sauvé en invoquant le souvenir de Silvio et de Sofia.

» Mais ce n'était pas assez d'avoir évité le mal, il eût fallu faire le bien. Le bien est une œuvre relative à la position et à la capacité de chacun de nous. Mon devoir, à moi, eût été de reprendre les travaux de Silvio Goffredi, et de me mettre à même, par mon économie, d'écrire et de publier les résultats de ses recherches. Pour cela, il eût fallu trouver moyen d'acquérir quelque fortune afin de compléter ses voyages. J'y avais songé d'abord, et puis l'inexpérience, les sens et le mauvais exemple m'avaient entraîné à vivre au jour le jour comme un aventurier. Cette vie d'aventures m'avait, en somme, mené à ma perte. Si je fusse resté à la place qui convenait à un modeste professeur, je n'eusse pas été forcé de tuer Marco Melfi. Il n'eût pas songé à m'insulter, et il ne m'eût pas même rencontré dans les salons du cardinal ; il ne fût pas venu me chercher dans mon cabinet de travail, au milieu de mes livres ; il n'eût seulement pas su que j'existais. Je n'avais pas mené la vie qui convenait à un homme sérieux. J'avais voulu faire le gentilhomme, il avait fallu devenir spadassin.

» — Combien, pensais-je, pleurerait ma pauvre mère, si elle me voyait là, travesti en farceur de carrefours, déchirant sur les cailloux ces pieds que jadis elle réchauffait dans ses mains avant de me porter dans mon berceau ! Et mon père, ne me blâmerait-il pas de ce faux point d'honneur qui a fait de moi un meurtrier et un proscrit ?

» Je me rappelais la vivacité de caractère et la fierté chatouilleuse du noble Silvio, et pourtant il n'eût pas su manier une épée, lui, et il avait refusé de me donner un maître d'armes, disant qu'un homme avait l'honneur bien fragile quand il ne pouvait pas se faire respecter sans avoir une brette au flanc !

» Je jurai à la mémoire de ces chers et divins amis de réparer mes fautes, et, après avoir longtemps contemplé le ciel, où je m'imaginais pouvoir les supposer réunis dans quelque heureuse étoile, je repris le chemin du village, sans vouloir m'enquérir de ce qu'était devenue la *villetta*. De quel droit aurais-je été m'y livrer à de stériles regrets ? Ce n'était pas pour m'enrichir dans la paresse que Silvio me l'avait léguée. Il avait dû me bénir du fond de sa tombe lorsque j'avais tout aliéné et tout dépensé pour adoucir les derniers jours de sa veuve ; mais, ce sacrifice accompli, j'aurais dû travailler d'autant plus, et ne pas croire qu'un petit acte de dévouement domestique me donnait le droit de m'enivrer à la table de ceux qui n'ont rien à faire.

» Je trouvai Guido Massarelli qui venait à ma rencontre au bord du lac. Il était inquiet de moi. Je lui ouvris mon cœur, et il parut vivement touché de mon émotion. Assis sur une barque amarrée au rivage, nous causâmes sentiment, morale, philosophie, métaphysique, astronomie et poésie jusqu'aux premières lueurs du jour. Guido avait une très-noble intelligence. Hélas! cette bizarre anomalie se rencontre dans des caractères lâches, comme pour faire douter de la logique de Dieu!

» Le lendemain, nous étions en route, et, quelques jours après, nous rassemblions la foule sur la place du Vieux-Palais à Florence. Notre recette fut bonne. Nous pûmes voyager en charrette jusqu'à Gênes. Nous marchions cependant avec plaisir; mais notre bagage, s'augmentant toujours de nouvelles figurines et de nouveaux décors, devenait très-lourd à porter.

» A Gênes, nouveau succès et recettes extraordinaires. On nous prit en si grande prédilection, que nous ne pouvions suffire aux demandes particulières. D'abord, sur la place publique, nous avions diverti le populaire; mais, quelques passants de plus haute volée s'étant arrêtés devant la baraque, nous n'avions pu résister à la coquetterie de monter notre dialogue à la hauteur d'un public plus relevé.

On l'avait remarqué, on l'avait répété dans le

monde. Un de ces auditeurs de rencontre était un marquis Spinola, qui nous avait mandés chez lui pour divertir ses enfants. Nous nous y étions rendus masqués, ayant fait de notre *incognito* une condition expresse. Le théâtre dressé dans un jardin, nous avions eu pour public la plus brillante et la plus illustre société de la ville.

» Les jours suivants, nous ne sûmes à qui entendre. Tout le monde voulait nous avoir, et Guido fit des conditions très-élevées, qui ne furent discutées nulle part. Le mystère dont nous nous entourions, le soin que nous avions de ne quitter nos masques que dans la baraque, les noms fantastiques que nous nous étions donnés, ajoutèrent sans doute à notre vogue. Tout le monde devina aisément que nous étions deux enfants de famille; mais, tandis que les uns devinaient également que nous étions sur le pavé par suite de quelque sottise, d'autres voulaient se persuader que nous faisions ce métier uniquement pour notre divertissement et par suite de quelque gageure. On alla jusqu'à vouloir reconnaître en nous deux jeunes gens de la ville, qui s'en donnèrent les gants après coup, à ce qu'il nous fut dit plus tard.

» A Nice, à Toulon et jusqu'à Marseille, nous parcourûmes une série de triomphes. Comme nous voyagions lentement, notre renommée nous avait devancés, et, dans les auberges où nous nous arrêtions, nous apprenions qu'on était déjà venu s'informer de nous et nous demander des soirées.

» Après Marseille, notre succès alla en diminuant jusqu'à Paris. Je savais assez bien le français, et, chaque jour, je me débarrassai de l'accent italien, qui d'abord ne me permettait pas de varier suffisamment l'intonation de mes personnages; mais l'accent de Guido, beaucoup plus prononcé que le mien, faisait des progrès en sens inverse, et notre dialogue s'en ressentait. Je ne m'en tourmentais guère. Nous allions quitter le métier de bouffons, et je me flattais d'avoir de quoi attendre un état plus sérieux.

FIN DU TOME PREMIER.

— Troyes, imp. et stér. de G. Bertrand. —

www.ingramcontent.com/pod-product-compliance
Lightning Source LLC
Chambersburg PA
CBHW071139160426
43196CB00011B/1942